润物无声：

新时代卫生健康职业精神教育校本学案

主　编　麻富游

副主编　李一中　陈泗铮

浙江工商大学出版社
ZHEJIANG GONGSHANG UNIVERSITY PRESS

·杭州·

图书在版编目(CIP)数据

润物无声：新时代卫生健康职业精神教育校本学案 / 麻富游主编. —杭州：浙江工商大学出版社，2021.11

ISBN 978-7-5178-4226-2

Ⅰ. ①润… Ⅱ. ①麻… Ⅲ. ①思想政治教育－职业技术教育－教材 Ⅳ. ①G711

中国版本图书馆 CIP 数据核字(2020)第 264779 号

润物无声：新时代卫生健康职业精神教育校本学案

RUNWU WUSHENG：XINSHIDAI WEISHENG JIANKANG ZHIYE JINGSHEN JIAOYU XIAOBEN XUEAN

主编：麻富游　　副主编：李一中　　陈泗铮

责任编辑	熊静文
封面设计	沈　婷
责任印制	包建辉
出版发行	浙江工商大学出版社
	（杭州市教工路 198 号　邮政编码 310012）
	（E-mail：zjgsupress@163.com）
	（网址：http://www.zjgsupress.com）
	电话：0571—88904980,88831806（传真）
排　版	杭州朝曦图文设计有限公司
印　刷	杭州高腾印务有限公司
开　本	710mm×1000mm　1/16
印　张	11.5
字　数	198 千
版 印 次	2021 年 11 月第 1 版　2021 年 11 月第 1 次印刷
书　号	ISBN 978-7-5178-4226-2
定　价	58.00 元

本书编委会

主　　编　麻富游

副主编　李一中　陈泗铮

参编者（以姓氏笔画为序）

王　萌　阮美飞　刘祯琪　刘静静

刘　燚　陈小渊　吴　悦　张　丽

张若冰　郑盼盼　查正权　郝嘉瑜

前　言

　　健康是促进人全面发展的必然要求,也是广大人民群众的共同追求,是最具普遍意义的美好生活需要。党的十八大以来,以习近平同志为核心的党中央把维护人民健康摆在更加突出的位置。在 2016 年 8 月召开的全国卫生与健康大会上,习近平总书记强调要把人民健康放在优先发展的战略地位,提出我国广大卫生与健康工作者弘扬"敬佑生命、救死扶伤、甘于奉献、大爱无疆"的精神。党的十九大报告将实施健康中国战略纳入国家发展的基本方略,要求"为人民群众提供全方位、全周期健康服务"。2021 年,《中华人民共和国国民经济和社会发展第十四个五年规划和 2035 年远景目标纲要》进一步吹响了新发展阶段全面推进健康中国建设的号角。全面推进健康中国建设既要推动体制机制建设、制度变革、基础设施建设,也需要大量高素质卫生健康从业者为人民提供全方位、全生命周期的健康服务。因此,加强新时代卫生健康职业教育是一项既紧迫又有意义的工作。

　　宁波卫生职业技术学院前身为创办于 1925 年的宁波华美高级护士职业学校,在学校师生多年来的共同努力下取得了显著的办学成效。学校被教育部、国家卫健委确定为承担护理专业领域技能型紧缺人才培养培训基地,承担了教育部高职高专相关医学类教学指导委员会委托的全国康复治疗技术专业教学指导委员会和浙江省教育厅委托的省高职高专医学类专业教学委员会的日常工作。在建设健康中国、积极应对人口老龄化的大背景下,学校主动响应国家战略,服务卫生事业和健康行业发展需要,以培养具有创新创业精神、岗位胜任力强的技术技能型卫生健康服务人才为目标,努力打造校域融合仁爱文化精神传承的特色学校。办学 90 多年的历程中,学校涌现出一批典型人物和服务团队,他们用实际行动展现了"敬佑生命、救死扶伤、甘于奉献、大爱无疆"的新时代卫生健康职业精神。

　　宁波卫生职业技术学院马克思主义学院成立于 2019 年,承担全校思想政治理论课（以下简称思政课）教学科研任务。作为立德树人的主阵地，思政课肩负着价值引领、思想启迪的重要使命，职业院校的思政课应融政治性、思想性、理论性和职业性为一体。思政课教师们一直以来都在孜孜不倦地寻求和尝试不同的教学模式、教学方法，建设教学资源，提升教学的针对性和有效性。以例说事、融情入理的案例教学法是一种历久弥新的教学方法，深受师生喜爱。其中，校本教学案例给予学生更加亲近熟悉的感觉，使人物榜样更具借鉴意义，能够在教学中让学生更好地受到榜样人物感召，立志成长成才。基于以上认知，学院立足学校办学定位，聚焦学校人才培养目标，围绕"敬佑生命、救死扶伤、甘于奉献、大爱无疆"新时代卫生健康职业精神，精心挑选本行业领域、本地、本校人物案例，结合课程理论开展案例分析，形成案例应用的教学指导思路。本书是上述思考和探索的结晶，或者说这些探索仅仅是一个开始，我们深知，未来还有很长的路要走。

本书由宁波卫生职业技术学院思想政治理论课教师共同完成。麻富游对学案编写工作做整体筹划推进和审核，李一中进行教材编写体例设计和统稿、内容审核，陈泗铮参与体例编写设计、审核及部分案例编写，王萌、阮美飞、刘祯琪、刘静静、刘燊、陈小渊、吴悦、张丽、张若冰、郑盼盼、查正权、郝嘉瑜等老师进行案例编写。在本书编写过程中，崔雨老师参与书稿的讨论，提出了宝贵的意见，在此表示诚挚感谢。在人物案例的信息收集和教学指导意见撰写过程中，我们借助了许多新闻媒体素材，学习借鉴了诸多同行的研究成果，亦对此深表谢意。期待广大同仁和读者们对本书的疏漏和不足提出意见和建议，这将是编写组未来不断前进完善的动力。

编写组

2021 年 11 月

目 录
Contents

甘于奉献篇

大爱无疆篇

敬佑生命篇

01. 南丁格尔

——现代护理事业创始人

≡ 校本案例

【人物画像】

她是"提灯女士""提灯女神""克里米亚的天使",因在克里米亚进行护理而闻名。她是世界上第一个真正的女护士,开创了护理事业。她是"独立女性"的先驱,她谦虚谨慎、不骄不躁、胆大心细、富有主见。"5·12"国际护士节设立在她的生日这一天,就是为了纪念这位近代护理事业的创始人——弗洛伦斯·南丁格尔。

【主要事迹】

弗洛伦斯·南丁格尔于 1820 年 5 月 12 日出生于意大利佛罗伦萨。她的父亲是旅意英侨,家庭十分富有。南丁格尔本人受过正规的高等教育,可以用英、意、法、德四语自如交谈。她自童年开始,就对护理工作深感兴趣,乡间度假时,常常跑去看护生病的村民。在青年时期,她已不满足于贵族生活,决心从事一项值得为之奋斗终生的事业,做一名护士的愿望在她的心中日趋成熟。她不顾世俗的偏见和父母的反对,毅然投身于当时社会下层妇女才担任的护理工作。无论到哪个国家旅行,她都去访问医院。1850 年和 1851 年,她两次赴德国凯斯韦尔黎医院访问学习。1853 年,她到巴黎"慈善事业修女会"参观考察护理组织和设施,归国后,又担任伦敦患病妇女护理会监督。

克里米亚战争开始时,英军医疗救护条件非常恶劣,伤员死亡率高达 42%。报纸披露了这些事实,国内哗然。南丁格尔主动申请担任伤员的护理工作,率领

38名护士奔赴前线,独自开拓现代战地护理事业。对于一位女性而言,这是一个艰巨的挑战。因为当时英国舆论一直反对医院,特别是战地医院中有女护士出现。有一次,南丁格尔正在给伤员换药,并安慰着他,伤员感动得流下了泪水。这时,有一位少校军官进来了,把南丁格尔叫了出去,带着满脸不屑的神情对她说:"高贵的小姐,你还是回伦敦去吧!你就是把这些伤员护理好了,他们也不能上战场了。""为什么?"南丁格尔不解地问。"你想一想,一个动不动就流眼泪的人,能冲锋陷阵吗?你和你的同伴把他们娇宠坏了!""不!"南丁格尔直视着少校的眼睛说,"在我的眼里,他们是人,是兄弟,他们受伤了,他们应该得到护理和安慰。"少校还想说什么,南丁格尔表情严肃地说:"对不起,少校先生,我现在没有时间和你讨论这个问题。"说完,她转过身向病房走去。

南丁格尔不仅表现出非凡的组织才能,对伤病员的关怀爱护也感人至深。她协助医生进行手术,减轻病人的痛苦;清洗包扎伤口,护理伤员;替士兵写信,给以慰藉;掩埋不幸的死者,祭祀亡灵……夜以继日地工作。南丁格尔建立了护士巡视制度,每天夜晚她总要提着风灯巡视病房,一夜间巡视的路程有7000米。每当她手持风灯走过长街,身影所到,士兵们以亲吻她的身影来表示自己的崇高敬意,并亲切地称她为"提灯女士"。伤病员写道:"灯光摇曳着飘过来了,寒夜似乎也充满了温暖……"

在南丁格尔的努力下,病房的条件大大改善,半年的时间里,伤员的死亡率下降至2%。许多伤员康复后,还不忘南丁格尔,他们把南丁格尔在医院的业绩编成诗歌,印成小册子。

"独立女性"的先驱

南丁格尔31岁时,在家庭和周围人的不理解和反对之下,接受德国凯斯韦尔黎医院经营者的护士训练,迈出了当护士的第一步。她真正的护士生涯,实际是从33岁开始的。和世上众多伟人一样,对她来说,20岁到30岁之间也是个充满暴风雨的时期,是为她以后的飞跃做准备,并对她进行考验的时期。她自30岁以后,开始向自己的人生课题挑战。构筑具有自己特色的人生是与年龄无关的,而且伟大的人生没有男女之别。一旦发现并认识到深藏于自己内心的伟大使命,即便是30岁开始新的挑战也不迟。南丁格尔就是最好的例证。她在日记中说:"我脑海中充满有关人间痛苦的思索……"她没有停留于自己的事,而是深入广大的人类爱的世界中。结果,她把一生奉献给护士这一天职,一直过着独身生活。"我并不是规劝女性过独身生活。但是任意将他人与自己做比较,或者陷进所谓'华丽婚姻'这种表面幸福观中,失去正确的人生前途,则不能不说是很可悲的事。社会上有些人年轻时就举行豪华的结婚仪式,开始新的生活,不久步入家庭,生儿育女,30岁以后,便疲于现实生活的劳累,失去希望和进取心。这种类型在社会上大有人在。当目睹有的女性没有发挥自己原有的力量,而虚度年华时,我不胜遗憾。无论是男性还是女性,最重要的是毫无遗恨地发挥出自己的力量,为自己负有的使命而奋斗终生,并且不应依靠别人来生活,而是在自食其力的过程中,去开辟真正的欢快和永存的幸福之路。"

谦虚的人

1865年克里米亚战争结束,南丁格尔回到英国,受到人们的热烈欢迎。由于先期回国的士兵们的传颂,她被群众尊为英雄,名声大震。但是她没有因为人们的赞扬而沾沾自喜,克里米亚战争的惨状和对下一步改革的愿望,占据了她整个身心。南丁格尔关于什么是"真正的英雄"有过一段话,是这样说的:"如果所谓英雄是指那种为他人进行了崇高事业的人,那么这种人一定是不骄傲自大,谦虚谨慎的人。"一提到英雄,人们往往想到的是一种轰轰烈烈、傲气十足、得意扬扬的形象。但她却说"不骄傲自大、谦虚谨慎的人"才是英雄。尽管有人自以为了不起,但从大千世界来看,只不过是个小小娃娃般的人。只有缺乏真正力量的人才骄傲自大。谦虚则是冷静地正视自己,主动致力于自我成长、壮大内心世界的反映。谦虚的人总是雍容大度,能正确地认识事物;高傲的人总是焦躁不安,动辄屈服于虚荣心。如果说英雄是"为他人进行事业的人",那么可以说他的必备条件自然是要有高洁的人格、深厚的仁慈心,以及由此而采取的行动。南丁格尔还说道:"如果说妇女在日常生活的'琐碎工作'中,也和在发生重大事件时,处理重要工作一样,或者干得更出色,因而人人能成为英雄的话,那么每天为他人做奉献的护士们正是个个皆可谓英雄。"英雄不只是出现在轰轰烈烈的舞台上、伟大壮丽的工作中,在那每日"为他人"呕心沥血、默默献身的人们中间才有真正的英雄。"为他人"而真心实意地做奉献,会使你真正感到喜悦和充实。"没有报酬的行为"带来的充实感,能让你最宝贵的生命充满丰富多彩的活力。

南丁格尔在克里米亚的巨大成功和忘我的工作精神,博得各国公众的赞扬。护士工作的重要性为人们所承认,护理工作从此受到社会的重视。1860年伦敦圣托马斯医院创办了世界上第一所护士学校,后又开了助产士和济贫院护士培训的先河,推动了西欧各国,以及世界各地的护理工作和护士教育的发展。她强调护理是一门非宗教性的专业,必须由受过科学训练和品质优秀的护士负责护理教育和行政管理。她以病弱的身躯充满激情地工作，为培养护理人才，倾注了毕生精力，确立了护理工作的社会地位和近代护理学的科学地位，使护理学科成为现代医学的重要组成部分，护理工作成为受人敬重的职业。现代护理学是社会发展的产物，职业护士的出现，是现代化进程中护理专业化不断提高的结果，也是妇女自立运动的重要胜利。职业护士的资格，由护士教育标准限定，并坚持注册和许可证制度。南丁格尔有不少论著，她的名著《护理工作记录》(1858 年出版)成为当时的畅销书，被翻译成多种文字，是现代护理学的经典著作。

【社会评价】

1907 年 12 月，英国国王爱德华七世授予南丁格尔丰功勋章。这是首次将此类勋章颁授女性，真是无比光荣。克里米亚战争爆发，造成众多人员伤亡。许多士兵返回英国后，把南丁格尔在战地医院的业绩编成小册子和无数诗歌流传各地。有一首诗，50 年之后仍在英国士兵们重逢时传诵，诗中称南丁格尔是："她毫不谋私，有着一颗纯正的心，为了受难的战士，她不惜奉献自己的生命；她为临终者祈祷，她给勇敢的人以平静。她知道战士们有着一个需要拯救的灵魂。伤员们热爱她，正如我们所见所闻。她是我们的保卫者，她是我们的守护神。"

革命导师马克思和南丁格尔是同时代的人，他对南丁格尔的勇敢和献身精神感到十分敬佩，写下两篇充满热情的通讯，分别刊载在德国的《新奥得报》和美国的《纽约论坛报》上，使世人皆知这位伟大的女性。马克思说道："在当地找不到一个男人有足够的毅力去打破这套陈规陋习，能够根据情况的需要，不顾规章地去负责采取行动。只有一个人敢于这样做，那是一个女人——南丁格尔小姐。她确信必需的物品都在仓库里，于是带领几个大胆的人，真的撬开了锁，盗窃了女王陛下的仓库，并且向吓得呆若木鸡的军需官们声称：'我终于有了我需要的一切。现在请你们把你们所看到的去告诉英国女王吧！全部责任由我来负！'"

南丁格尔女士以最高贵的奉献精神把一生献给了护理事业，为护理事业奋斗终生。英国人把她看作英国的骄傲，1867 年，在伦敦滑铁卢广场，建立了克里米亚纪念碑，并为南丁格尔铸造了提灯铜像，和希德厄·海伯特的铜像并列在一起。她的大半身像被印在英国 10 英镑纸币的背面(正面是英国女王伊丽莎白二世的半身像)。美国大诗人朗费罗 Longfellow(1807—1882 年)为她作诗《提灯女郎》,赞美她的精神是高贵的,是女界的英雄。

如今全世界都以 5 月 12 日为国际护士节。南丁格尔被列为世界伟人之一,受到人们的尊敬。

═ 学习指导

第一,人生观决定着人生道路的方向,也决定着人们行为选择的价值取向和用什么样的方式对待实际生活。南丁格尔从小就对护理工作感兴趣,并在青年时期立志做一名护士,为了实现自己的人生目标,南丁格尔奋发进取,努力拼搏,且在面对人生的一系列重大课题时,能做出正确的选择,始终朝着正确的人生方向前进。南丁格尔一生积极进取,乐观向上,对生活满怀希望和激情,珍视生命,凭着这股热情勇敢坚强地面对并克服人生路上遇到的各种困难。

第二,个人理想是指处于一定历史条件和社会关系中的个体对于自己未来的物质生活、精神生活所产生的种种向往和追求。南丁格尔的理想就是把自己的一生奉献给护理这一天职。她在对这一职业理想孜孜不倦的追求过程中,护理了无数的伤员和病患,并且给社会培养了一批又一批的护士,还让护士这个职业的声誉有了反转,从一开始的不被重视到后来的被赞为"白衣天使"。她个人理想的实践活动都是在社会中进行的,并且和社会需要、人民利益相一致,所以理想才得以照进现实。

第三,爱岗敬业反映的是从业人员对待自己职业的一种态度,也是一种内在的道德需要。它体现的是从业者热爱自己的工作岗位、对工作极端负责、敬重自己从事职业的道德操守,是从业者对工作勤奋努力、恪尽职守的行为表现。南丁格尔出身富裕家庭,本可以按照父母的安排从事轻松、环境更好的职业,但是她视护士为自己终生职业,一生都热爱着自己的岗位,不怕脏、不怕累,用自己的爱心、耐心和责任心护理每一位病患,正是她这种敬业、爱岗的精神,才让护士有了"白衣天使"这一光荣而独特的称号。

学习思考题:

1.如何评价南丁格尔的人生价值?

2.请结合材料,谈一谈个人理想和社会理想的关系。

3.作为一名学生,你能从南丁格尔身上学到哪些品质?而作为未来的医护人员,你能从南丁格尔身上学到哪些品质?

二 教学建议

第一,本案例主要适用"思想道德修养与法律基础"课程,可应用的教学章节较多。在实际教学中,教师可以在第一章"人生的青春之问"、第二章"坚定理想信念"和第五章"明大德守公德严私德"中择一重点使用。比如在"人生观的主要内容"讲述中,可以结合本案例组织学生讨论人生目的、人生态度、人生价值三者间的辩证统一关系,教师在学生发言后进行总结;又如在"坚持个人理想与社会理想的统一"教学中运用本案例可以说明当代大学生只有确立契合时代要求和人民需要的个人理想,才能有所作为;又如在"职业生活中的道德规范"教学中可以组织学生根据本案例分组讨论南丁格尔的敬业观,并派代表发言,由教师进行点评。

第二,对于南丁格尔,大部分学生应该都听说过,但是由于南丁格尔的职业特殊性,不同专业的学生对本案例产生共鸣的角度会有所不同,比如护理、助产专业学生可从南丁格尔的敬业精神角度来讲,同时讲述案例过程中可以组织学生朗读南丁格尔誓言,其他专业可侧重从个人理想与社会理想、敬业观、人生价值评价角度去讲述。

02. 林巧稚

——没有孩子的"万婴之母"

＝ 校本案例

【人物画像】

林巧稚,1901 年 12 月 23 日生于厦门鼓浪屿。1920 年以优异的成绩毕业于厦门女子师范学校,1921 年考入北京协和医学院,获得北京协和医学院医科学士和美国纽约州立大学医学博士学位。1983 年她在北京病逝。她是北京协和医院第一位中国籍妇产科主任及首届中国科学院唯一的女学部委员(院士)。她对胎儿宫内呼吸、女性盆腔疾病、妇科肿瘤、新生儿溶血症等方面的研究做出了贡献,是中国妇产科学的主要开拓者、奠基人之一。

【主要事迹】

为了给病人最好的治疗,她苦学 8 年

协和医学院规定学生在预科期间,要完成四大类课程。第一类是语言:中文 192 学时、英文 192 学时。第二类是第二外语:须从法语或德语中选修 1 门。第三类是社会科学:经济学、社会学等。第四类是自然科学:数学 96 学时、生物 384 学时、物理 384 学时、化学 544 学时。可是,林巧稚在厦门女子师范学校读书时,那里没有开设物理、化学课。而这 2 门课程,在协和医学院的 3 年预科中所占学分最多。

开学伊始,老师就告诉学生,学习跟不上、考试不合格的人,学校主张尽早去别的学校就读,免得浪费时间,越往后会越吃力。在协和医学院,75 分的考试成

绩才算及格。1门主课不及格者,留级;2门主课不及格者,就得离开这里另找出路。

但林巧稚是个认准目标就不回头的人。学生宿舍每晚10点半拉闸熄灯,但过了12点就会重新合上电闸。摸清这个规律后,她总是10点半上床休息,过了12点再起来学习。期末考试成绩公布的时候,林巧稚门门优秀,生物还考了全班第一。

凭着苦学和聪慧,林巧稚在8年的学习和残酷的淘汰竞争中,成绩一直高居榜首,并获得协和医学院最高荣誉——"文海"奖学金(在此之前,从未有女生获过该奖学金)。1929年,林巧稚从协和医学院毕业,8年前入学时的5个女生,只有3人坚持到了最后。

没有孩子的"万婴之母"

毕业后,林巧稚进入协和医院,任妇产科助理住院医师。她一生没有结婚,却亲自接生了5万多个婴儿,被尊称为"万婴之母"。

每一个由她亲手接生的孩子,出生证上都有她秀丽的英文签名:"Lin Qiaozhi's Baby"(林巧稚的孩子)。傅作义的小儿子,冰心和吴文藻的3个孩子,梁思成和林徽因的子女梁从诫、梁再冰,都是由林巧稚引领到人世间的。

林巧稚说过:"生平最爱听的声音,就是婴儿出生后的第一声啼哭。"

还在当助理医师的时候,林巧稚就是一位出色的医生,独立地完成了第一例大手术。一个深夜,协和医院遇到了一位子宫破裂流血不止的年轻妇女,林巧稚还是助理医生,无权处置这种病人,向科主任报告危急情况后,科主任让她自己做手术。她果敢地通知手术室,站上手术台,完成了她当医生的第一例大手术。手术的成功,也引起了医院更多人的注目。她由此提前3个月由助理医生晋升为住院医生,比同班同学提前2个月接到继续任用聘书。

1932年至1933年,林巧稚在任北京协和医院住院医师期间,破例被送往英国曼彻斯特医学院、伦敦妇产科医院学习深造。1935年她在北京协和医院晋升为讲师、主治医师,1937年晋升为副教授。1939年,她前往美国芝加哥大学医学院妇产科进修。1940年回国后她成为北京协和医院第一位中国籍的女科主任。

心无旁骛,以行医为天职

1941年12月太平洋战争爆发。北京协和医院被日本军队占领,停办。一些医生都离开了。林巧稚却拒绝回到老家避难,她要留在北平为那些患病的妇女看病。1942年初,林巧稚在北京东堂子胡同开办"林巧稚诊所",同年应中和医院(现北京大学人民医院)邀请筹建妇产科,并任妇产科主任。前来看病的妇女络绎不绝,林巧稚都一视同仁。

1948年北京协和医院复院,林巧稚回到医院任妇产科主任。她性格单纯倔强,对政治毫无兴趣,心中只有病人。中华人民共和国成立前,林巧稚收到了开国大典的邀请函,但她没有去。她跟身边的同事说:"我是个医生,去做什么呢?我的病人更需要我,我需要守护在她们身旁。"似乎只有妇产科的工作,才是她与这个世界建立联系的真实通道。

1962年,她收到一封孕妇的求助信:"我是一个怀了第五胎的人,前四胎都没活成,后三胎都是出生后发黄夭折的,请你伸出热情的手,千方百计地救救我这腹中的婴儿。"这是新生儿溶血症,做出诊断并不难,问题是,这种病当时全国都没有治愈的先例。超出能力范围,林巧稚本可以拒绝,但婴儿一个接一个死去的惨状刺痛了她的心。她遍查资料,彻夜难眠、茶饭不思,最后决定试一试。孩子出生很顺利,可不到3个小时就出现了全身黄疸,生理指标越来越糟。林巧稚大胆决定,给新生儿全身换血,这样的救治风险极大,直接关系医生的责任和声誉。3天3次换血,整整7天,孩子黄疸终于消退。为了感谢林巧稚和医疗团队,孩子被取名"协和"。

将一件件善事,做在一个个不起眼的人身上

林巧稚不只给有钱有势的妇女看病,对穷苦百姓都一视同仁,交不起钱的病人,她就免费治疗。她有一个出诊包,包里总放着钱,以便随时接济贫困百姓。

北平沦陷的一个雨夜,有一个产妇因胎儿横位难产。林巧稚顾不得自己被淋得浑身湿透,麻利地做着准备工作,撤去草木灰袋,铺上干净被单,轻缓而坚定地一下下正着胎位,一次次倾听胎心音跳动,嘴里小声地安慰着产妇。终于胎儿的头进入产道,产妇诞下一个男孩,母子平安!林巧稚看着这个一贫如洗的家,默默地打开出诊包在炕头放下几张钞票,对女人的丈夫说:"她太辛苦了,给她补补身子。"有时候,为了方便那些农村的贫苦妇女,林巧稚甚至骑着毛驴到乡村去,亲自为她们诊治。

中华人民共和国成立之后,她在协和医院门诊看病,鼓励平民百姓不要挂她的专家号,告诉他们"挂我的普通号,同样是我给你看病"。她教育妇产科所有的人,救活一个产妇、孕妇,就是救活了两个人。百姓为了感谢她的救命之情,给在

林巧稚手里接产出生的孩子起名"念林""爱林""敬林""仰林"等,以示对林巧稚的永久纪念。

勤耕不辍,做一辈子的值班医生

1978 年 12 月,林巧稚和楚图南率中国人民友好代表团赴西欧四国访问,在英国因患缺血性脑血管病返回中国。在首都医院,经检查,她被确诊为高血压动脉硬化、脑血栓、心脏病。患病期间,她开始在轮椅上、病床上写关于妇科肿瘤的书,直至 4 年后,50 万字的专著《妇科肿瘤学》完成。

1980 年 12 月 2 日,林巧稚病情加重被送进医院。虽遭亲友劝阻,但她还坚持工作。此时,她早已不是住院医师,但她要求值班医生和护士,只要病人出现问题,即使是半夜也要马上通知她,甚至在去世前一天还接生了 6 个婴儿。

1983 年春,林巧稚病情恶化,陷入昏迷,她总是断断续续地喊:"快!快!拿产钳来!产钳……"这时护士就随手抓一个东西塞在她手里安抚她。1983 年 4 月 22 日,林巧稚在北京协和医院病逝,享年 82 岁。遗嘱中,她将个人毕生积蓄 3 万元人民币捐给医院托儿所,其骨灰撒在故乡鼓浪屿的大海中。

【社会评价】

她一生没有结婚,却亲手接生了 5 万多名婴儿,被尊称为"万婴之母""生命天使"。她不仅医术高超,她的医德、医风和奉献精神更是有口皆碑,她献身医学事业,有着丰富的临床经验和敏锐的观察力。作家冰心在《悼念林巧稚大夫》中深情回忆:"她是一团火焰、一块磁石。她的'为人民服务'的一生,是极其丰满充实地度过的。她从来不想到自己,她把自己所有的技术和感情,都贡献倾注给了她周围一切的人。"2012 年,为表彰奖励在妇女健康事业中做出突出贡献的优秀妇产科医生,中国医师协会批准设立"中国妇产科医师奖",又称"林巧稚妇产科医师奖"。2019 年 9 月 25 日,林巧稚被评选为新中国"最美奋斗者"。

═ 学习指导

第一,理想信念是人的精神世界的核心,是人精神上的"钙"。一个人精神上缺"钙",就容易精神空虚甚至陷入精神荒漠,既不可能感受精神生活的丰满充

实,更不可能承担时代所赋予的历史重任。正确坚定的理想信念,激励人们为一定的社会理想和生活目标而不断努力追求。林巧稚在 20 岁时就立志要像男人一样去做事,帮助像她母亲那样因生育而面临生命危险的中国妇女,去做一名救死扶伤的医生,她终其一生坚守着这种理想。理想指引方向,信念决定成败。正是坚定的信念,让林巧稚以惊人的毅力在基础薄弱的情况下完成协和医学院 8 年的学业,并成为学校"文海"奖学金的第一位女性获得者,也让她不懈努力在各种困难条件下对胎儿宫内呼吸、女性盆腔疾病、妇科肿瘤、新生儿溶血症等方面开展研究,做出重大贡献。与此同时,她又是一位精神境界极高的人,一心扑在病人身上,不畏艰难险阻,不受利益诱惑,不计较个人得失,甘做年轻医生的"登楼梯"。当代大学生要从林巧稚的身上深刻认识到理想信念是人生发展的内在动力,追求远大理想、坚定崇高信念,是大学健康成长、成就事业、开创未来的精神支柱和前进动力。

第二,幸福都是奋斗出来的。习近平总书记说:"奋斗本身就是一种幸福。只有奋斗的人生才称得上幸福的人生。"追问林巧稚是否幸福,我们应该首先来看看对于林巧稚而言,怎样才是幸福的。因为幸福作为一个总体性范畴总是相对的,不同的人有不同的幸福标准。林巧稚一生未婚育,她全部身心都投入医疗事业,她所向往的生活并非平淡的柴米油盐和生儿育女,而是拯救更多病人,迎接更多生命安全出世。她曾说:"生平最爱听的声音,就是婴儿出生后的第一声啼哭。"而在她的生活中,她几乎每天都能听到这最爱听的声音。她的精神世界充盈着救治他人和迎接生命的成就与快乐。林巧稚能够一生心无旁骛从事自己喜爱的事业,通过个人努力获得他人及社会的高度肯定,成为 5 万多名孩子的"母亲",她必然是幸福的。

第三,人生价值是指人的生命及其实践活动对于社会和个人所具有的作用和意义。人生价值内在地包含了人生的自我价值和社会价值两个方面。评价林巧稚的人生价值需要从这两个方面入手。人生的自我价值,是个体的实践活动对自己的生存和发展所具有的价值,主要表现为对自身物质和精神需要的满足程度。林巧稚的职业与生活浑然一体、不可分离,她在许多场合的表述和她在重大人生关口的选择都表明从事妇产科职业给她本人带来了无与伦比的满足感和价值感。人生的社会价值,是个体的实践活动对社会、他人所具有的价值。林巧稚将一生全部心血奉献给了祖国的医疗卫生事业,作为我国妇产科的奠基人之一,在胎儿宫内呼吸、女性盆腔疾病、妇科肿瘤、新生儿溶血症等方面做出重大贡献。林巧稚已经实现了古人所谓"立德、立功、立言"的三不朽,她没有给自己留下后代,但其精神生命将一直留存,代代相续。

第四,当代大学生与林巧稚相隔近百年,拥有舒适的成长环境和良好的受教育机会,所面临的学业压力也比林巧稚小得多。林巧稚在 2 门重要课程零基础的情况下,在协和医学院 75 分才及格的严格要求下,凭着苦学和聪慧,在 8 年的学习和残酷的淘汰竞争中,成绩一直高居榜首,并获得协和医学院最高荣誉——"文海"奖学金,这种不服输、不放弃、死磕到底的学习劲头正是今天的大学生最应该从林巧稚身上学习的品质。选择自己喜爱的专业,确立职业理想和人生理想,并为之不懈奋斗,是每一位"时代新人"通向幸福人生的康庄大道。

第五,"医患关系"是今天社会热切关注的一个话题,医疗卫生事关人民群众生命福祉,医患矛盾和医患冲突事件一次次扯动社会大众的心弦。如何营造良好的医患关系,我们可以从许多方面加以考虑,就医护人员而言,一颗爱护病人的心就是最好的矛盾缓解剂。林巧稚就是这样一位爱护病人的医生,战乱没能让她放弃病人,开国大典的邀请函也没能让她离开病人,病人有经济困难她就给予帮助。在她那里,病人至上,身份、地位、金钱都不能对她的救治产生影响。一视同仁地关怀病人,以救治更多病人、攻克更多医疗难题为己任,不断努力提升自己的业务水平,才能无愧于患者的"健康所系,性命相托"。

学习思考题:

1.林巧稚一生奉献医学事业,你认为是什么样的力量支持她做出这种选择的?

2.你觉得林巧稚的一生过得幸福吗?为什么?

3.请对林巧稚的人生价值做出评析。

4.作为一名学生,你能从林巧稚身上学到哪些品质?而作为未来的医护人员,你能从林巧稚身上学到哪些品质?

二 教学建议

本案例主要介绍了中国妇产科学的主要开拓者和奠基人之一、"万婴之母"林巧稚付出超凡的努力,以救治妇婴为己任,心无旁骛将全部精力投入医疗事业的感人事迹,她深刻认识到"健康所系、性命相托"的分量,用一生中的每个日夜诠释了"救死扶伤,不辞艰辛,执着追求,为祖国医药卫生事业的发展和人类身心健康奋斗终生"的精神。

第一,本案例主要适用"思想道德修养与法律基础"课程,可应用的教学章节较多。在实际教学中,教师可以在第一章"人生的青春之问"、第二章"坚定理想信念"和第五章"明大德守公德严私德"中择一重点使用。教师也可以尝试对本案例进行反复使用,在不同章节中采用不同的角度分析讨论,使一个案例串联不同的知识点,加深学生对案例和课堂讨论分析的印象。例如:可以用林巧稚做出的一系列重大人生选择和对她人生的总结讲解"正确的人生观""创造有意义的人生";用林巧稚攻克学业难关和解决医疗难题的事迹讲解"理想信念是精神之'钙'""理想与现实的关系";用林巧稚对职业的敬畏负责、以病人为先、对病人一视同仁讲解"职业道德"和"职业精神"。

第二,由于林巧稚医生的职业特殊性,本案例在应用的专业上较为适合护理学院的护理专业和助产专业。医生尤其是妇产科医生可以算是一种小众职业,非医疗卫生领域专业的学生在面对妇产科医生事迹时,也许会有所感触,但由于与自己的学习生活、未来职业生涯没有直接关联性,这种感触通常是暂时的、肤浅的,至多是知道有这样一位人物。而护理专业和助产专业的大多数学生以专业为职业选择,职业领域中的前辈事迹会带给他们更多思考,使他们对职业有深入的认识,也更能直观感受职业精神。因人物与自身产生联系,本案例在护理专业和助产专业学生中会具有更加显著的感召力。

第三,林巧稚的活动年代跨越旧中国和新中国,其于 20 世纪 80 年代去世,与学生有较大的年代差,同时相关影像资料较少,这都是教学的不利因素。教师在案例运用时需注意使用一定的技巧,尽量不要开门见山直接道出人物姓名和生平,可以在林巧稚的一些重大事件选择上做文章,以情景提问的方式让学生做出自己的选择,再给出林巧稚的选择作为对比,引出这个人物,用一个个小故事勾勒出林巧稚的立体形象。林巧稚的照片、邮票、名言、手书病历等都可以作为教学辅助材料,教师还可以播放重庆卫视《记忆》栏目 2012 年 2 月 25 日播出的《大师:林巧稚》,与案例文本相结合开展教学,让学生能够更具体地认识和感受林巧稚。

03.屠呦呦
——中医药里试出救世之方

＝ 校本案例

【人物画像】

屠呦呦，药学家，1930 年 12 月 30 日出生于浙江省宁波市，1951 年从宁波中学毕业后考入北京大学，在医学院药学系学习，1955 年毕业。毕业后曾接受中医培训两年半，并一直在中国中医研究院（2005 年更名为中国中医科学院）工作。多年从事中药和中西药结合研究，创制新型抗疟药青蒿素和双氢青蒿素，挽救了全球特别是发展中国家的数百万人的生命。因为没有博士学位、留洋背景和院士头衔，屠呦呦一度被媒体报道为"三无"科学家，但她在这种条件下创造了世界领先的一流成果，用一生的科研让无数外国人为之敬佩，她身体力行告诉我们什么叫"坚持的意义在时光里"。

【主要事迹】

"科研成果是团队成绩"

2015 年 10 月 5 日北京时间 17 时 30 分，瑞典卡罗琳医学院在斯德哥尔摩宣布将 2015 年诺贝尔生理学或医学奖授予中国女药学家屠呦呦，以及另外两名科学家威廉·坎贝尔和大村智，表彰他们在寄生虫疾病治疗研究方面取得的成就。早在 2011 年时，国际医学大奖——美国拉斯克奖评审委员会便将其临床医学研究奖授予屠呦呦，以表彰她发现了青蒿素这种治疗疟疾的药物，在全球挽救了数百万人的生命。

"我确实没什么好讲的,科研成果是团队成绩……"获奖后,面对蜂拥而至的记者采访,屠呦呦总是回避谈及自己,"青蒿素研究获奖是当年研究团队集体攻关的结果,是中国科学家集体的荣誉,也标志中医研究科学得到国际科学界的高度关注和认可……"

20世纪60年代,引发疟疾的寄生虫——疟原虫对当时常用的奎宁类药物已经产生了抗药性。1967年5月23日我国启动"523"项目,动员全国60多个单位的500名科研人员,同心协力,寻找新的抗疟疾药物。屠呦呦临危受命,成为课题攻关的组长。她告诉前来采访的记者:"当年,全世界都面临着这样一个重大课题,必须要有新的抗疟药来解决老药的抗药性问题,国内外做了大量工作都没有收到满意成果。"屠呦呦的眼神清亮,语气中不乏兴奋和自豪:"我是北医药学系(现为北京大学医学部)的,又到中医研究院学习,后来通过系统查阅古代文献,发现了重新提取青蒿素的办法。"

勇担使命,以身试毒

1969年屠呦呦加入"523"项目时,在冶金行业工作的丈夫也同样忙碌,为了不影响工作,他们咬牙把不到4岁的大女儿送到别人家寄住,把尚在襁褓中的小女儿送回宁波老家。

"大女儿当时接回来的时候都不愿叫爸妈,小女儿更是前两年才把户口从宁波迁回北京。"情非得已。对于今天家中摆满女儿和外孙女照片的屠呦呦而言,当年的她别无选择,因为青蒿素就是党和国家赋予她的使命。

此前,中美两国的抗疟研究已经经历多次失败。美国筛选了近30万个化合物而没有结果;中国在1967年组织全国7省市开展了包括中草药在内的抗疟疾药研究,先后筛选化合物及中草药达4万多种,也没有取得阳性结果。屠呦呦和同事们通过翻阅中医药典籍、寻访民间医生,搜集了包括青蒿在内的600多种可能对疟疾治疗有效的中药药方,对其中200多种中草药的380多种提取物进行筛查,用老鼠做试验,但没有发现有效结果。

当时,青蒿素的提取仍是一个世界公认的难题,从蒿族植物的品种选择到提取部位的去留存废,从浸泡液体的尝试筛选到提取方法的反复摸索,屠呦呦和她年轻的同事们熬过了无数个不眠之夜,体会过无数次碰壁挫折。

"青蒿一握,以水二升渍,绞取汁,尽服之。"在青蒿提取物实验药效不稳定的情况下,正是这句出自东晋葛洪《肘后备急方》中对青蒿截疟的记载,给了屠呦呦新的研究思路。她想到可能是因为在加热的过程中,破坏了青蒿里面的有效成分,于是改为用乙醚提取。那时药厂都停工,只能用土办法,屠呦呦和她的同事们把青蒿买来先泡,然后把叶子包起来用乙醚泡,直到第 191 次实验,才真正发现了有效成分,经过实验,用乙醚制取的提取物,对鼠疟、猴疟有效率达到了百分之百。为了确保安全,他们将提取物试到自己身上,主动以身试药。

"北京的青蒿质量非常不好……我尝试用叶子,事实证明叶子里才有,梗里没有……做完动物实验后发现百分之百有效,再在我们自己身上试验药的毒性……我们尝试用乙醚替代酒精,发现去除毒性很有效……我们又做化学结构,通过改变药物的结构克服原有的耐药性……后来我自己的肝脏也坏了,我的同事们也有很多得了病……"提起艰苦岁月和付出的牺牲,屠呦呦没有抱怨,反倒是充满怀念。

在丈夫的口中,那时候的屠呦呦脑子里只有青蒿素,整天不着家,没白天没黑夜地在实验室泡着,回到家满身都是酒精味,还得了中毒性肝炎。他们也提到,那个年代很多人都这样为国家事业拼尽全力,从没想得到荣誉。

不能停下前进的步伐

1972 年 3 月,屠呦呦在南京召开的"523"项目工作会议上报告了实验结果;1973 年,屠呦呦合成出双氢青蒿素,以证实其羟(基)氢氧基族的化学结构,这种化学物质以后被证明比天然青蒿素的效果还要强。1973 年初,北京中药研究所拿到青蒿结晶。随后,青蒿结晶的抗疟功效在其他地区得到证实。1978 年,"523"项目科研成果鉴定会最终认定青蒿素研制成功,并按中药用药习惯,将青蒿抗疟成分命名为青蒿素,作为新药进行研发。几年后,有机化学家完成了结构测定;1984 年,科学家们终于实现了青蒿素的人工合成。

30 多年过去了,以屠呦呦为代表的中国药学家们为世界抗疟疾事业做出了卓越贡献,为世界人民所熟知。年轻的屠呦呦和她的同事们正是凭着执着和坚持,在冷僻而又急缺的抗疟药物研制领域开辟了一条新路。现在,掌声和鲜花都在向着这批代号"523"的人聚拢。

"青蒿素是人类征服疟疾进程中的一小步,也是中国传统医药献给人类的一份礼物。"对在药学领域默默耕耘了一辈子的屠呦呦而言,获不获奖没那么重要,那只是对以往工作的总结肯定,展望未来才是更重要的。屠呦呦说:"我们的中医药宝库非常丰富,但并不是借来拿来就能用。像青蒿素这样的研究成果来之不易,我们还应该继续努力。"

"科学要实事求是。"这是屠呦呦一直以来的坚持。她坦言,目前青蒿素抗疟的疗效比较客观,但青蒿素抗疟的药物深层机理还有待继续研究。"只有掌握青蒿素的抗疟机理,才能更充分地发挥药效,更合理地应用这种药。"屠呦呦说,"荣誉越多,责任越大,我们还有很长的路要走。"

屠呦呦的获奖,用事实证明中国土生土长的科学家也能够获得自然科学诺贝尔奖。无论是"海龟"还是"土鳖",不管是"三全"还是"三无",只要做出了对人类生存与发展有着重大意义的、实实在在的科学贡献,世界将回报以感谢、尊重和赞赏。

【社会评价】

屠呦呦是第一位获得诺贝尔科学奖项的中国本土科学家,也是第一位获得诺贝尔生理学或医学奖的华人科学家。她为中国医学界获得了迄今为止的最高奖项,也为中医药成果取得最高奖项。2017年1月9日,屠呦呦获得2016年度国家最高科学技术奖。2018年12月18日,党中央、国务院授予她"改革先锋"称号,颁授"改革先锋"奖章。2019年9月17日,国家主席习近平签署主席令,授予屠呦呦"共和国勋章"。2019年9月25日,屠呦呦被评选为"最美奋斗者"。

≡ 学习指导

第一,青年大学生要树立正确的得失观、苦乐观,还应知道艰苦奋斗是实现理想的重要条件。1967年我国启动"523"项目,动员全国60多个单位的500名科研人员,同心协力,寻找新的抗疟疾药物。屠呦呦作为其中一员,与她的同事们一起在极其艰难的条件下全身心投入工作,历经无数次碰壁挫折,最终收获了成功。坚忍不拔的意志、不畏艰苦的精神,以及开阔的视野和不断尝试的努力是屠呦呦及其队员在发现青蒿素的过程中所展现出来的宝贵品质。面对现实与理想的巨大落差,他们不拘泥于个人利益的得失,以积极进取的态度面对失败和困苦,迎难而上、锲而不舍、驰而不息地奋斗。成功有机遇、有运气,但是只有靠着不懈的坚持和投入才能抓住机遇和运气。真正的快乐只能由奋斗的艰苦转化而来。

第二,马克思曾说:"如果我们选择了最能为人类福利而劳动的职业,那么,重担就不能把我们压倒,因为这是为大家而献身;那时我们所感到的就不是可怜的、有限的、自私的乐趣,我们的幸福将属于千百万人,我们的事业将默默地,但是永恒发挥作用地存在下去,而面对我们的骨灰,高尚的人们将洒下热泪。"屠呦呦义无反顾挑起了国家给予的重任,出色完成了自己的历史使命,让自己的人生和职业同造福人类、挽救百万计的生命永远联结在一起。今天的大学生也必须认识到自己这一代年轻人身上所承担的历史使命,作为担当民族复兴大任的时代新人应意识到个人命运同国家民族的命运紧密相连,自觉树立崇高理想,成为走在时代前列的奋进者、开拓者、奉献者。

第三,实干才能梦想成真。我们的国家,我们的民族,从近代积贫积弱一步一步走到今天的发展繁荣,靠的就是一代又一代人的顽强拼搏。屠呦呦就是一位典型的实干者,面对青蒿素这个难度极高的课题,她二话不说埋头就干,没白天没黑夜地在实验室泡着,回到家满身都是酒精味,还得了中毒性肝炎。这样的屠呦呦只是中华人民共和国成立初期前辈们的一位代表,有很多人都像她一样为国家事业拼尽全力,换来国家的安定和富强。今天的很多大学生也许不见得有机会承担重大国家项目,但是每位同学扎实学习本领,在自己的工作岗位上踏踏实实做好每一件事,尽自己最大的努力服务社会、服务人民,这也是实干。

第四,对祖国悠久历史、深厚文化的理解和接受,是人们爱国主义情感培育和发展的重要条件。青蒿素的发现是我国传统中医药文化对人类的贡献,像屠呦呦所说:"我们的中医药宝库非常丰富,但并不是借来拿来就能用。像青蒿素这样的研究成果来之不易,我们还应该继续努力。"尊重传承中华民族历史和文化,对于今天的我们而言,更关键的是以时代精神激活中华优秀传统文化的生命力,延续文化基因,推进中华优秀传统文化创造性转化和创新性发展。而这种创造性转化和创新性发展需要放在许多具体的领域和方面,更需要不断推进、细化。青蒿素在20世纪70年代被发现,但时至今日其抗疟的药物深层机理还需要继续研究,因为"只有掌握青蒿素的抗疟机理,才能更充分地发挥其药效,更合理地应用这种药"。自觉传承和发展祖国中医药文化也是药学人的爱国行动。

学习思考题:

1. 让屠呦呦和她的项目组最终成功发现青蒿素的主观因素有哪些?

2. 在祖国和人民需要的时候,以屠呦呦为首的年轻药学人勇敢挑起了重任,今天的大学生应如何挑起时代重任?

3. 屠呦呦用她的行动展现了默默奉献、专注实干的精神,结合案例,谈谈大学生应如何做到实干。

二 教学建议

本案例主要介绍了 2015 年诺贝尔生理学或医学奖、2016 年度国家最高科学技术奖、"改革先锋"称号获得者屠呦呦在 20 世纪六七十年代带领一批年轻的药学人在国家支持下刻苦攻关，从中医典籍中获得灵感，最终成功发现并提炼出治疟良药青蒿素，挽救全球数百万病人生命的事迹。本案例主要适用"思想道德修养与法律基础"课程，具体可以作为"创造有意义的人生""做有理想有本领有担当的时代新人""理想与现实的关系""爱祖国的灿烂文化""做改革的生力军"以及"社会主义道德的核心和原则"这些部分的辅助教学材料。

第一，由于事件所处历史年代，本案例也可以在"毛泽东思想和中国特色社会主义理论体系概论"课程教学中，作为社会主义制度正式确立后我国在建设道路探索中取得的一些突破性成就使用。相较而言，本案例在"思想道德修养与法律基础"课程中运用更广泛。实际教学中，教师可以择一重点使用，也可以尝试对本案例进行反复使用，在不同章节中采用不同的角度分析讨论，使一个案例串联不同的知识点，加深学生对案例和课堂讨论分析的印象。如用以屠呦呦为首的年轻药学人勇担使命讲解绪论"时代新人"部分内容，用屠呦呦及其团队面对挫折不屈不挠讲解"辩证对待人生矛盾""理想与现实的关系"，用屠呦呦从中医药典籍里获得启发找到青蒿素讲解"爱祖国的灿烂文化"，等等。

第二，屠呦呦的获奖成就广为人知，一般学生对其都不会陌生，因而本案例可以在多数专业中使用。屠呦呦的专业为药学，并且，她长期从事中药研究工作，青蒿素就是从中国传统医药中发掘出的巨大成果。因此，本案例尤其适合放在中药学专业的相关教学中使用，帮助学生认识专业的重要意义和广阔前景，感受专业学习研究所需要的基本品质，确立职业理想，实现思政课程与课程思政相结合。

第三，虽然本案例人物为屠呦呦，但是教师在案例讲解的过程中需要注意，正如屠呦呦本人不断强调的，青蒿素的发现并非一人之功，屠呦呦是作为其中的关键人物或者代表者领取荣誉。青蒿素的发现建立在对 600 多种可能对疟疾治疗有效果的中药药方、200 多种中草药和 380 多种提取物的筛查基础之上，是团队攻关的成果，是集体智慧的结晶。当然，教师授课时，既要展现集体的力量能办大事，也要呈现关键人物——屠呦呦和她的研究小组在最终成果获得上起到的作用。

第四，教师讲授案例时也要把屠呦呦获诺贝尔生理学或医学奖的缘由讲解清楚。青蒿素帮助病人从疟疾中脱身，挽救了数百万人的生命，这正是屠呦呦获得诺贝尔生理学或医学奖的原因。教师可以用马克思《青年在选择职业时的考虑》一文中的经典名言，为青年学生指出一条人生理想之路，并提示学生为人类谋福祉的事业最为高尚伟大，也最有价值。同时以屠呦呦的个人成功昭示个人的成长发展与集体利益、整体利益最终是一致的、同向的，奉献才是获得人生幸福的正确之道，只顾享乐自私者必然无法拥有真正的成功。

04. 倪素琴

——宁波护理界德高望重老前辈

= 校本案例

【人物画像】

倪素琴，1913 年 11 月出生，浙江宁波人。1935 年以优异成绩毕业于华美高级护士职业学校（宁波卫生职业技术学院前身），从事临床护理及护理教育工作。1940 年起担任华美高级护士职业学校校长，并与美国人韩碧玲校长合作共事直至宁波解放。1953 年 9 月她被调往宁波市第一医院任护理部主任兼该院护校校长。她是宁波首任护理学会会长，也是宁波市护理界德高望重的老前辈，以雷厉风行、严谨细致的工作作风而闻名。

【主要事迹】

优秀毕业生挑重担

鸦片战争以后，宁波作为"五口通商口岸"之一，对外国人开放。1843 年，美国传教士玛高温创办了医院，至 1927 年医院已具有相当规模，是我国历史最为悠久的西医医院之一，医院内设立华美高级护士职业学校（以下简称华美护校）。华美护校于 1925 年加入中华护士学会，1930 年后学校招收的学生全为女生。华美护校的护理教学历来以严格有序、近乎严苛而闻名，本着"宁缺毋滥"的原则，毕业生最少时只有 5 人。学校设在医院内，学生可以尽早接触临床，有利于将理论学习与临床实际相结合，学校对学生各科应知应会的知识均有严格的要求，所以，学生在历年全国会考中均取得了好成绩。

1935 年，倪素琴以优异成绩毕业于华美护校，之后便留校任教。1937 年底，抗日期间，宁波时局紧张，时任教导主任的倪素琴带领学生 20 多人去上海同仁第二医院实习，并设立分校，在上海招收学生数人。1939 年 6 月，宁波形势略趋稳定，全部师生返回宁波。第二年，27 岁的倪素琴便勇挑重任成为该校校长。

动荡时局保证教学

解放战争期间，校舍被炸，校长倪素琴带领学生 20 多人迁至奉化西坞继续上课，后得到上海第二军医大学（今海军军医大学）医院的支持，安排学生在那里实习，实习期满留院工作。学生在医院实习得到了医院领导、护士长和护士的好评，他们认为学生工作规范、一丝不苟、服务优良，并选派两名学生去北京协和医院工作。

1949 年 10 月，华美护校被炸毁，在校学生四散。护校隔了很久才恢复教学，开学时入学的 30 多名学生，只有 8 人返回学校继续学业。虽然时逢社会动荡，但华美护校的教学要求并没有放松。据当时的学生沈竹君说，老师们格外严厉，对学生的穿衣打扮都有严格规定，不穿好工作服不能进病房。学生在病房里工作的时候，老师会时不时地出现在学生身后，仔细监督学生操作仪器的过程是否合格。

言传身教做护理

中华人民共和国成立后，倪素琴拒绝了领导让她改行做医生的建议，坚定决心做一辈子的护理。1953 年起，她调任宁波市第一医院护理部，直至 1989 年退休。几十年来，她爱医院如家，一丝不苟地搞好护理工作。在她心中没有节假日，几乎每天清晨，都能在病房里见到她检查、督促护理工作，别人劝她注意休息，她总是说："习惯了，不看看心不安呀。"早在 1964 年，倪素琴就在第一医院内设立了护理示教室，每周三下午亲自为宁波市各医院的护士长做技术操作示教，促进市各医院的护理技术水平提高。为了使年轻护士掌握基本的护理操作技术，她还利用示教室亲自反复做示范，坚持手把手地教，从而调动了年轻护士苦练基本功的积极性，在市级操作比赛中屡获佳绩。

倪素琴不但自己热爱护理工作，还通过言传身教，教育下一代热爱护理工作，使年轻人深受教育。许多护士都说："倪老师为提高护士素质做了数不尽的工作，不论在炎热的夏天，还是在严寒的冬天，不论在病房，还是在门诊，总是和我们在一起促膝谈心,叫我们要热爱自己的工作,当她看到我们工作中有了进步时,总是笑眯眯、乐滋滋的。"当在医院里碰到有的病人因医药费不够而要求医生更改处方时,她就主动解囊相助。一位就诊病人钱包被窃,因无钱就医而急得痛哭失声,她知道后,除进行劝慰外,还给予病人金钱资助,使其能够就诊治疗。每当有护士下乡参加医疗队时,她总是帮助她们妥善安排好孩子,并经常去家中探望,使下乡的同志得以安心工作。

工作退休心不退

1989 年倪素琴退休后,迁居海外,但仍关心宁波的医疗事业,她为几经变迁的母校宁波卫生职业技术学院亲题校训"仁爱、健康",也多次回到宁波。2008年 5 月 8 日,正值宁波市第二医院建院 165 周年之际,具有历史意义的华美楼经重新修缮后,举行隆重的落成典礼暨医院院史开展仪式。时年 95 周岁的倪老师和她 80 多岁的弟媳一起,风尘仆仆地专程从美国飞回故乡宁波参加典礼。落成典礼上,老人身穿大红的毛衣,围着大红的围巾,神采奕奕、精神抖擞。她以十分喜悦的心情祝贺这幢见证宁波医学史的大楼重获新生,通篇讲话声音洪亮,语速流畅,没有文稿。2013 年在宁波市第一医院建院 100 周年纪念大会上,百岁高龄的倪素琴已无法亲临现场,但她仍远隔重洋录制视频讲述自己对第一医院的回忆与祝愿。倪素琴的一生都系于宁波的护理事业。

【社会评价】

倪素琴老师以她温柔宽厚的性情、深厚宽泛的学术造诣,以及独特的人格魅力为历届学生所爱戴,与学生建立了情同母女的感情。尽管人在国外,但师生间的情谊却并未因此而疏远。除了书信往来、电话联络,只要有机会,学生也总想着为老人做点事。她凭着高尚情操,也受到大量病人、同仁以及接触过她的人的尊敬和爱戴。1982 年 5 月,倪素琴获"浙江省优秀护士"称号。

= 学习指导

第一,"服务人民、奉献社会"的思想代表了人类社会迄今最先进的人生追求。倪素琴从年轻时进入华美护校,一直到耄耋之年,把自己的一生奉献给宁波的护理事业。她放弃转行做医生的机会,一心一意以身为范建设护理队伍,提高护理技术水平，只为更好地服务人民。人民群众是社会历史的主体，是社会物质财富和精神财富的创造者，是社会变革的决定力量。一个人只有确立了服务人民、奉献社会的人生追求，才能清楚地把握人的生命历程和奋斗目标，深刻理解人为了什么而活、应走什么样的人生之路等问题，成就出彩人生，与历史同向、与祖国同行、与人民同在。

第二，扣好人生的扣子，勤学修德明辨笃实。华美护校严格要求学生，在学好学扎实基础理论知识的前提下，更注重实践操作的训练，并设置"摘帽子"的严厉惩罚措施，对学生的职业道德和情操十分重视，这才有了毕业生全国抢手的盛况。当代大学生要坚持由易到难、由近及远，从现在做起，从自己做起，勤学、修德、明辨、笃实。要获得人生和职业的良好发展，就必须目标高远、保持定力、不懈奋进，并且脚踏实地、严于律己、精益求精，用华美护校的要求来要求自己，勤学以增智、修德以立身、明辨以正心、笃实以为功，为实现国家富强、民族振兴、人民幸福的中国梦凝聚强大的青春能量。

第三，历史和现实告诉我们，发展之路不可能一帆风顺。困难和挑战并不可怕，关键是要通过改革创新化危为机，在攻坚克难中不断提升发展的质量和空间。对于个人而言，我们要学习倪素琴，即使在动乱的时局中面对校舍被毁的艰难情况仍然爱岗敬业，用尽一切方法，坚持做好自己的事情。在为中华民族伟大复兴而奋斗的过程中，艰难险阻不可避免，只要每个中国人和国家同呼吸、共命运，上下同欲，奋发有为，就定能妥善化解各种风险挑战，变危为机。

第四，向身边的榜样学习。倪素琴的事迹并不像其他获得全国性知名度的榜样那般为众人所周知，但她就是那个在我们可以看得到摸得着的地方默默努力工作、奉献的人物，她就是身边的榜样。中国大地上有千千万万这样的模范人物，在各个领域、各个年代做着属于自己的事情。在先进模范人物的示范引领下，亿万中华儿女崇德向善、见贤思齐，弘扬中华传统美德、弘扬时代新风，更好地构筑中国精神、中国价值、中国力量，为实现中华民族伟大复兴的中国梦凝聚强大的精神力量和提供有力的道德支撑。

学习思考题：

1.倪素琴通过哪些言行彰显其人生意义？

2.联系学校实际教学和华美护校教学要求，谈谈学校教育对学生的职业成长有什么好处。你认为学校该如何改进？

二 教学建议

该案例可以适用于《思想道德修养与法律基础》教材中第一章第二节"正确的人生观"、第三节"创造有意义的人生",第四章第三节"做社会主义核心价值观的积极践行者"以及第五章第三节的"职业道德""家庭美德"和"个人品德"的教学。

倪素琴是宁波市德高望重的护理界前辈,与宁波卫生职业技术学院渊源深厚。教师可以引导学生注意学校校训的题词,从而让学生进一步了解其人其事。同时由于倪素琴曾在中华人民共和国成立前担任学校前身华美护校的校长,教师还可以要求学生以此为契机探寻学校历史,增加对学校的认识,并对照华美时期学生的学业情况查看自身。在教学方式上,可通过设计问题来帮助教学。

05. 邹瑞芳
——浙江省第一位南丁格尔奖章获得者

＝ 校本案例

【人物画像】

邹瑞芳，1949 年毕业于常州真儒高级护士学校。1949—1950 年任常州武进医院护士长。1951—1963 年在中国人民解放军第 98 医院任护士长，1963—2010 年在浙江省湖州市第一人民医院任护士长、护理部主任、主任护师，并担任浙江省科协委员、浙江省护理学会常务理事、湖州市科协常委、湖州市护理学会理事长等职。在湖州护理界，只要提起邹瑞芳的名字，几乎无人不知，她是浙江省第一位南丁格尔奖章获得者。

见过邹瑞芳的人，都说她平凡，平凡得与普通人没有两样。确实，她慈祥、朴实，微笑的面容给人一种亲切的感觉，总是架在鼻梁上的那副眼镜则使人感受到她的文质彬彬。虽然，岁月已经无情地在她的额头上刻下了深深的皱纹，但是她那平凡中的脱俗，她那文弱中的坚毅却令人见而难忘。

【主要事迹】

师生都是常州人，同获南丁格尔奖章

邹瑞芳，1930 年底出生时，父亲正在天津的洋行里做事。"七七事变"后，日军占领平津，父亲携全家迁往上海。国难时候总颠沛，没多久太平洋战争爆发，邹家再度搬迁，回到了家乡常州。战乱中，原本家境殷实的邹家，几乎沦为城市贫民。1945 年，15 岁的邹瑞芳初中毕业后放弃了上高中和中专的机会，一心想

帮父母分担日趋沉重的家庭压力。有一天,她无意在街头的电线杆上看见了一则"武进医院招护士"的启事。不由分说,她立刻虚增了2岁,报名考进了医院开办的真儒高级护校(常州卫生高等职业技术学校前身),接受了最初的护理职业技能教育。"学校先是在鸣珂巷附近,后来又搬到了常州一院旁的马山埠那里。"母校给她的第一堂课就是"爱心教育":"老师告诉我们,一旦入了护士这一行,必须要有爱心。有爱心才会有同情心,才能细心、耐心,才能把那些素不相识的病人当亲人。"

毕业后,邹瑞芳到武进医院从事护理工作。在这所教会医院里,邹瑞芳被那些前辈的职业道德和素养深深感染。她至今还记得,那位洋人院长,每天一早会踮起脚尖,轻轻走到育婴室的门外,观察孩子们是否睡得安稳、是否在啼哭,"据此检视值夜班的护士照看婴儿时是否认真、细致"。而邹瑞芳记忆最深的是医院的护理主任孙静霞。孙静霞曾在护校给邹瑞芳上过课,昔日师生成了上下属关系。"孙主任的护理技艺非常精湛,对工作更是极其严苛。"历史就这样充满了喜剧意味:1995年,孙静霞和邹瑞芳这对师生,居然同时获得了代表着世界护理界最高荣誉的南丁格尔奖章。

邹瑞芳回顾了当年领奖的那一幕——那天下午,国家主席江泽民来到人民大会堂河南厅接见两位获奖者,"这是孙静霞同志,江苏常州人",有关同志向江泽民介绍。当得知另一位获奖者邹瑞芳也是常州人时,江泽民惊讶地笑了:"哎呀,你也是常州人啊。"邹瑞芳激动地回答:"是的,我是常州人,现在浙江湖州工作。""那一刻,我为母校骄傲,我为自己是常州人骄傲。"

生命是人世间最宝贵的,必须精心呵护

1951年,已经和武进医院年轻外科医生张树人结为连理的邹瑞芳,随丈夫调往浙江湖州,入伍去了驻地在湖州的中国人民解放军第98医院。

邹瑞芳在98医院的护理工作岗位上工作了13个年头,其间数次立功获奖,并被南京军区后勤部卫生部评为技术能手。1963年,邹瑞芳转业至湖州市第一人民医院工作,一干就是47年。"说实话,护理病人并不是一项令人愉快的工作,邹老师却总能把每一件不愉快的事情都做得很好。"护理部的年轻护士小方这样评价印象中的邹瑞芳。当年宋庆龄曾说过:"南丁格尔的思想精髓只有一个字,那便是'爱'。"邹瑞芳在她的护理事业中,充分诠释了"爱"的含义。护理工作既烦琐又辛苦,遇到生活不能自理的病人,她主动为他们洗脸洗脚、端茶喂饭。身患重症的病人常常烦躁不安,她在细心护理的同时还要兼任"心灵医师"的角

色。"生命是人世间最为宝贵的东西，离不开精心呵护。"医生下班时常常习惯性地说一句："我下班了，今天你当班，病人就交给你了……"邹瑞芳说："这句话听起来简单，分量是重得要命。"

20世纪70年代初，在一次胆囊手术中，邹瑞芳清点纱布，发现少了一块。此时，医生正打算做手术的最后一步——关腹腔。找了几遍，都没有发现少的那块纱布，医生也开始怀疑是邹瑞芳记错了，还打算直接关腹腔。这时，邹瑞芳急了，她坚持自己没有点错。医生拗不过她，于是又仔仔细细找了一遍，最终真的在病人的体内找到了那块被遗漏的纱布。事后，连医生都说要是没有邹瑞芳的坚持，后果不堪设想。对待工作，邹瑞芳一直都是勤勤恳恳、兢兢业业的。在她看来，医护工作关系病人的生死，来不得一点马虎。而她的认真也挽救过不少患者的生命。护理工作不是简单地给病人打针吃药。"这是门专业技术，很有科技含量，"邹瑞芳率直地说，"护理工作能不能做好，关键要看头儿的思维导向，你要求别人做到的，自己一定要先做到，行为示范的作用远远胜过上政治课。"

1979年，邹瑞芳担任医院护理部主任，为理顺护理管理体系，首先抓护士素质的培训和提高。1988年，湖州市第一人民医院在湖州护理界率先开展了护理书写正确率、输液反应率、差错反应率、床铺整洁率等11项护理质控管理，使全市各家医院的护理水平走向新的高度。

用爱呵护病人

1964年，一位20多岁的病人因意外导致脾破裂，被送到了邹瑞芳工作的湖州市第一人民医院。到了医院，病人却坚持要回家。邹瑞芳一遍又一遍地跟他讲解脾破裂可能导致的危险，最终病人松了口，原来他的爱人马上要生小孩了。得知情况后，邹瑞芳趁着午休时间走到邮局，联系到了病人的姐姐，请她来医院照顾弟弟。没想到的是，下午赶到医院的不是病人的姐姐，而是他的妻子，而且因为沿途颠簸，孕妇感觉自己就快要生了。邹瑞芳赶紧把孕妇送到妇保院，回到家里拿了脸盆、热水瓶等送到她的病房里，还找了几件婴儿的衣服给产妇应急。等到产妇平安生下女儿，她又赶回医院给病床上的患者报喜，来来回回折腾了一个晚上，浑身都被汗水浸透了，可是她却觉得很开心。

邹瑞芳把大部分时间都花在了病人身上，留给家人的很少很少。因为陪孩子的时间太少了，儿子直到5岁，还会把医院的同事误认为是自己的妈妈。每每想起这事,作为母亲,她心里总有说不出的愧疚。

退休后,邹瑞芳让孙子在网上订购了1000只无纺布方便袋,在袋子上,她亲自设计了一位笑眯眯的卡通"白衣天使",背面是那句被她引为座右铭的"用爱和知识守护生命"。这是她"到护校给孩子们上课时,送给这些未来的'提灯女神'的"。

邹瑞芳提醒自己,必须让"提灯女神"的光芒一直散发。她经常和年轻的护士们回忆孙静霞,这位让她终身受益的良师。她告诉年轻人,那个时候,孙老师的护理水平就没得挑,那个年代用氧气瓶的很少,可孙老师却驾轻就熟。有一件小事让邹瑞芳终生难忘:凡气管切开的病人,内套管要定时清洗,但用什么洗效果最佳? 棉签是直的,有弧度的地方洗不到,直接用水冲更不行。"孙老师想出用鸡毛清洗,效果特别好。这个方法我后来带到了湖州,我的护士也都用这个办法。你们想想看,孙老师是不是心很细、爱动脑、敢创新?"

邹瑞芳更愿以一种科学态度来诠释南丁格尔精神。她一直在提倡"用科学护理造福患者",为病人营建一方安抚心灵的绿洲。为了提高心理护理水平,她专门向心理卫生专家学习、取经,甚至与他们一起坐诊。"有时候,'心药'才是最好的良方。"邹瑞芳说,"心若在,生命便在。"

自掏腰包,勉励后辈

她热爱专业、敬业爱岗,技术上精益求精,以无私的爱心与高度的责任心,把毕生精力和心血奉献于护理事业,赢得了党和人民高度评价。1982年她被评为"浙江省优秀护士",1983年被授予"全国卫生先进工作者",1988年被授予"全国模范护士"。她把湖州市委、市政府奖励的3000元,全国红十字总会奖励的1500元,自己的7500元,共计12000元捐给湖州市第一人民医院护理部,设立护理基金会,主要用于表彰和奖励在湖州市第一人民医院敬业爱岗,并取得成绩的优秀护士。

1995年6月,邹瑞芳获得了代表世界护理界最高荣誉的南丁格尔奖章。没多久,她就自己掏了1万元,在湖州市第一人民医院设立了"邹瑞芳护理基金会"。每年在国际护士节时,从医院选出3—5名优秀的护理人员授予"南丁格尔精神奖",并从基金会中出钱给予奖励。

邹瑞芳有个小本子,里面详细地记录了每一届获奖人员的姓名和基金会的所有收支。"每次钱少了,我就往里面加一点,最多的时候有5万多了。"邹瑞芳说。基金会的精神价值远远高于物质,获奖的人也许并不在意她的奖励,但是这份荣誉却是对他们工作最好的肯定。这些曾经获得过"南丁格尔精神奖"的人员，现在大多数已经成为护理界的佼佼者。

传递仁爱火炬，培养下一代

2021 年，邹瑞芳 91 岁了，一直到 80 岁那年她才真正离开护理岗位。她在护理岗位干了 60 个年头。即便已经年逾八旬，还是坚持每年都到医院和学校给年轻人上课，鼓励他们踏踏实实地做好护理工作。她经常叮嘱媒体要在报纸上为护士说几句话："护士这个岗位，工作忙、责任又很重，有时难免还会受委屈。现在很多的年轻护士，都是独生子女，在家都是父母的宝贝，但是一旦进入护士角色，却在全心全意地关心和爱护病人。我也希望全社会能关心与爱护护理工作者，多些宽容和理解，让他们更好地为病人服务。"

2016 年 9 月 19 日，邹瑞芳来到宁波卫生职业技术学院华美讲堂，为该校 2016 级护理学院的学生带来了一场精彩的演讲。讲座开始前，当 86 岁高龄的邹瑞芳老师展示南丁格尔奖章时，现场爆发出阵阵掌声，台下的 1000 多名学生敬佩不已，也对护理这份神圣的职业产生由衷的敬畏之心。在讲座上，邹瑞芳用国内外护理精英和自身的经历阐述了如何用爱和知识来呵护病人，她表示医护人员的爱表现在医德和医术上，要时刻牢记安全第一，要真切关心病人的疼痛。与此同时，邹瑞芳指出，开启成功之路的关键在于勤奋、坚持与创新。"身为医务工作者，首先需要读好书，要有扎实的医学基础理论知识，学会护理操作技能，练好基本功。"

面对学生的提问，邹瑞芳也是有问必答。有学生提问男护士的就业前景如何时，邹瑞芳也表达了自己的看法："男护士现在是很缺少的，只要你在校认真学习，表现优异，技术技能掌握得精湛，没有医院会拒绝你的。我想说的是如果你自己都不喜欢你的专业和职业，你就做不好，所以一定要认可自己。借用一句很流行的话，就是'护理虐我千万遍，我对护理如初恋'，这样你就成功啦！"

演讲结束后，邹瑞芳还向在场的学生表达了自己的期望，希望他们能以最真实的敬意与爱意对待生命、懂得感恩、认真学习，通过勤奋、坚持与创新，把自己训练成技术熟练的专家型人才，用爱和知识将护理事业传承和发展下去，时刻提醒自己做一名上进的、快乐的、健康的、善良的护理人员。

用敬意去对待生命，用爱和知识去守护生命，护士是用伟大的爱去做平凡的工作。

【社会评价】

邹瑞芳是第 35 届南丁格尔奖章的获得者。这位用爱和知识守护生命 60 年的"白衣天使",似乎在用自己的举止,告诉每一位走近她的人:沉静优雅便是天使的力量,善意温婉总让人容颜常驻。

只要"提灯女神"在,生命的光就永不会灭。弗洛伦斯·南丁格尔,因在克里米亚进行护理而闻名,被誉为"提灯女神"。她是世界上第一个真正的女护士,开创了护理事业,1908 年 3 月 16 日,她在 88 岁高龄时被授予伦敦城自由奖。"5·12"国际护士节设立在南丁格尔的生日这一天,就是为了纪念这位近代护理事业的创始人。65 岁那年邹瑞芳获得南丁格尔奖章后,鲜花、掌声汹涌而来,但她并不陶醉其中,她用政府发给她的奖金成立护理基金会,鼓励优秀的业内新人,并执笔撰写了对临床护理和护士自学有指导意义的论文,发表在国家级、省级杂志上。

医者,仁也。真诚、平等、善良地对待每一个患者,用爱心、耐心、细心去呵护每一个生命,这就是邹瑞芳作为一名护理工作者的仁爱情怀:"我从心里热爱护士这个职业,因为它让我懂得了什么是爱,我也从中体会到了人生的价值与快乐。"

≡ 学习指导

第一,追求远大理想,坚定崇高信念。在进入大学之前,学生对于理想都有一些或朦胧或清晰或全面或片面的设想,进入大学后,随着抽象思维水平和逻辑分析能力的提升,许多学生会开始深入思考人为什么会有理想、理想与现实的关系等,加之进入大学后,同学们开始接触自己的职业,对于未来的职业规划有了初步的设想。邹瑞芳的案例正好与护理专业的学生专业相契合,通过组织讨论这样的典型人物、典型事迹,探讨"为什么选择这样的道路""为什么他们能有充实而高尚的一生"等具体的问题,引发学生对自己人生的思考,感悟理想信念的重要性:理想信念是精神之"钙",缺"钙"等于得了软骨病;人生没有了目标,何谈奋斗。再贴合学生实际,在与学生密切联系的相关生活层面讨论分析,如何像邹瑞芳一样坚定自己的理想信念,真正达到让学生重视理想信念的教学目的。

第二,确立科学高尚的人生追求,实现人生价值。"服务人员、奉献社会"的思想代表了人类社会迄今为止最先进的人生追求。教学中应使学生明白，要将自己的人生目的与国家前途、民族命运、人民幸福联系在一起，无论是战争年代还是和平年代，这一人生追求都不过时，而且衡量人生价值的标准，最重要的就是看一个人是否用自己的劳动和聪明才智为国家和社会真诚奉献，为人民群众尽心尽力地奉献。邹瑞芳一生以"提灯女神"为榜样，追逐着"南丁格尔奖章"获得者的高标准，视病人如亲人，视病情如天大，在完善自身的同时，努力将每一天的工作尽责完成，无形中对社会的医护行业起到了巨大的推动作用，为医护行业的新一代成长树立了标杆和榜样，激励晚辈将全心全意为病人服务放在心尖上，落在心坎上。

第三，做社会主义核心价值观的积极践行者。习近平总书记指出：青年的价值取向决定了未来整个社会的价值取向，而青年又处在价值观形成和确立的时期，抓好这一时期的价值观养成十分重要。这就像穿衣服扣扣子一样，如果第一粒扣子扣错了，剩余的扣子都会扣错。人生的扣子从一开始就要扣好。勤学，下得苦功夫，求得真学问；修德，加强道德修养，注重道德实践；明辨，善于明辨是非，善于决断选择；笃实，扎扎实实干事，踏踏实实做人。邹瑞芳用60年的坚守诠释了勤学、修德、明辨和笃实。她爱岗敬业，默默耕耘，全心服务于病人，大事小事，能帮就帮。如此价值观的养成非一日之功，从最开始的懵懂无知到确立理想信念，邹瑞芳的每一个选择都在努力将社会主义核心价值观的要求变成日常的行为准则，进而形成自觉奉行的信念理念。

第四，职业道德的灵魂是为人民服务，核心是爱岗敬业，外在要求是诚实守信、办事公道。邹瑞芳在工作中的尽职尽责和全身心投入让每一位医护行业的后辈感动。在讲课中，邹老师始终强调的是护士职业的特殊性，护理对象是人，护士要有对生命的尊重，还要有爱。护士是用爱坚守的职业，爱是可以让普通的护理工作变得不平凡的核心，拥有良好的职业道德将会影响个人的爱好、性情、人格以及其生活方式和思想方式。课中，教师要引导学生自觉认识到自己将来从事职业的社会价值，使学生深刻感受到自己肩负的社会责任和使命，从而热爱自己的工作，尽职尽责地履行职业义务。

学习思考题：

1. 作为一名大学生，你能从邹瑞芳身上看到哪些优秀的品质？作为未来的医护人员，你从邹瑞芳的身上看到了哪些职业道德？

2. 邹瑞芳用爱守护生命60年，是什么让她默默坚守岗位、尽职尽责？

3. 作为一名普通的医护人员，邹瑞芳在平凡的工作岗位上创造出非凡的成就。结合案例,谈谈当代大学生应该如何培育和践行社会主义核心价值观。

4.如何评价邹瑞芳的人生价值?

☰ 教学建议

本案例主要介绍了第35届南丁格尔奖章获得者而且是浙江省首位南丁格尔奖章获得者邹瑞芳。这位平凡朴素而有着坚定信念、充满活力的长者,60年间用爱和知识守护生命,一生勤勤恳恳,不辞辛苦,默默奉献,坚守岗位,心无旁骛地投身医疗事业。她始终牢记爱心、细心、耐心是医护人员对生命最基本的尊敬。至今,她还活跃在后辈和学校课堂中,帮助和关爱下一代医护人员的教育成长。

第一,本案例主要适用"思想道德修养与法律基础"课程,可应用的教学章节较多。在实际教学中,教师可以在第一章"人生的青春之问"、第二章"坚定理想信念"、第四章"践行社会主义核心价值观"等章节中使用。教师也可以尝试对本案例进行反复使用,在不同章节中采用不同的角度分析讨论,使一个案例串联不同的知识点,加深学生对案例和课堂讨论分析的印象。例如:用邹瑞芳在日常工作中向已获得南丁格尔奖章的先进前辈学习、心中始终牢记护理学校的箴言、并终年如一践行的事迹讲解"正确的人生观""科学高尚的人生追求""理想信念是精神之'钙'";用邹瑞芳对职业的尽职尽责、对病人的热心帮助、对晚辈的谆谆教诲讲解"职业道德""医护精神""践行社会主义核心价值观"。

第二,因为邹瑞芳活动的年代与在校大学生生活年代相差较远,并且相关的影像也较少,教师在讲解案例时,可先用邹瑞芳到宁波卫生职业技术学院华美讲堂讲座的新闻报道展开案例的讲解,并播放讲座视频片段让学生了解内容,也可以播放短视频《护士是用伟大的爱做平凡的工作》用以辅助教学,让学生更加全面、深刻地了解邹瑞芳。

第三,邹瑞芳的职业特殊,因此本案例较适用于护理专业的学生,有医生的地方就有护士,有护士的地方不一定有医生,护士就是医生的一只眼、一只手。护理专业的学生对此感悟更大、更深,更能联想到自己未来的工作和学习。邹瑞芳的案例有助于他们在心中树立一个榜样,感召护士的职业精神,还可以让学生展开讨论,联系自身,展开想象。

06.王文珍

——身边的"提灯女神"

≡ 校本案例

【人物画像】

王文珍，女，汉族，1962年12月出生，天津人，1978年考入海军总医院护校并入伍，现任海军总医院护理部总护士长，专业技术5级。入伍40多年来一直奋战在一线临床护理岗位，出色完成了抗击"非典"、汶川抗震救灾、"和谐使命—2010"亚非五国医疗服务等重大任务，被群众誉为"身边的'提灯女神'"，她像南丁格尔那样，用心灯照亮了无数需要帮助的生命。

【主要事迹】

挥洒青春精业敬业，真情书写乐于奉献的人生篇章

1981年6月，从海军总医院护校毕业的王文珍为了尽快进入角色，主动向老同志学习，把针扎在自己的静脉和肌肉里，亲身体验患者的感受。

1986年，王文珍被选调进新组建的海军总医院急诊科，因为经常要面对各种惨烈场面，天生胆小、一度晕血的王文珍也曾想过尽快调离。2年后，王文珍终于有机会到相对轻松的门诊科工作，以腾出更多时间处理个人家庭事务。谁知，没过几天，因工作需要，一纸调令又让她重回急诊科。

"刚走出去，就被退回来，是不是犯错误了？这样的人恐怕再也不可能有机会翻身了。"面对旁人各色的议论和异样的眼神，外表柔弱的她一个决心迅速萌芽：不干出点样子来，决不离开急诊科！她拼了命地努力工作。护士站、食堂、宿舍,每天三点一线地跑。

在 40 多年的临床护理实践中,她优化病人就诊流程,建立危重病人绿色通道,改善观察室环境,坚持培训年轻护士,她领导的护理组在医院大比武中多次名列前茅。王文珍把"病人就是我的亲人,我愿长此守护病人"作为人生座右铭,在病人最需要帮助的时刻,她总是用生命大爱呵护病痛患者。几十年如一日视事业如生命,乐于奉献,无怨无悔。

1993 年,母亲病危,王文珍刚刚从北京赶回老家,就接到科里打来的电话,让她赶紧回去执行紧急任务。一边是病危的母亲,一边是放不下的病人,王文珍选择了提前回去。紧急任务完成后,在全院上下备感欣喜的时刻,她抑制不住内心的痛楚,潸然泪下,因为在她回来的第二天,就接到母亲病逝的消息,她只有遥望家乡的方向,在心里不停地呼唤着母亲。2005 年 1 月中旬,临近传统节日春节,王文珍查出腹膜后肿瘤,考虑到临床节日医疗安全,她没有告诉任何人,像往年那样春节值班,直到 3 月下旬才住院手术。手术后一个月,她的腰还不能完全伸直,她就走进了病房,忍着剧烈病痛给病人输液,扶病人去卫生间,下班后疼痛难忍的她在更衣室休息近一小时才回家。作为护士,王文珍已经不年轻了,还患有膝关节骨性关节炎伴积液,走路长了腿会很疼,但她仍然坚持每天拖着隐隐作痛的腿来回巡视病房,因为她始终放不下的是自己钟爱一生的护理事业。

倾注爱心服务病患,模范践行服务人民的崇高宗旨

王文珍把"病人就是我的亲人,我愿长此守护病人"作为人生座右铭,在病人最需要帮助的时刻,她总是用生命大爱呵护病痛患者。刚到医院工作时,一个失语的老人没有家属陪床,王文珍便两三个小时给他翻一次身、换尿布、擦身子。老人很胖,她用自己的身体撑着老人,扶头、抬腰、弄腿,几次下来,瘦弱的王文珍浑身是汗,但她仍然一如既往地细心照料老人,直到老人病愈出院。急诊科护理工作任务繁重而且危险,有些护士干上一两年就有调离想法,王文珍在急诊一干就是 22 年,而且几乎年年除夕值班。1993 年 10 月,一位吸毒、脊柱外伤致截瘫的病人被送来医院急诊抢救,因病人有艾滋病史,送来时处于昏迷状态,呼吸道有大量分泌物。由于年轻护士对艾滋病有恐惧心理,她便抢先配合对病人进行急救。在为病人吸痰时,病人突然将呕吐物喷了她一脸。为了防止病人窒息,她顾不上清洗,继续为病人吸痰以畅通气道,并依靠过硬的技术,快速为病人建立了静脉输液通路。由于处置紧急得当,病人意识慢慢恢复。在急诊观察室的 20 多天里,王文珍经常为这位重患病人翻身、洗头、擦浴、送饭,病人截瘫后有时会

有排便功能障碍，在灌肠效果不好时，她就戴上手套为病人掏大便，常被粪水溅一身。看着比自己大几岁的王文珍为自己擦洗身体、端屎倒尿，刷洗衣裤，这位男性病人动情地说："自从我得了艾滋病，就连许多亲友都疏远我，只有王文珍像亲姐姐一样照顾我，我会在心里永远记住她！"记住王文珍的不止这一位病人，在急诊工作 22 年中，王文珍为数百名病患买过饭、送过衣服、买过药。

舍生忘死抗击疫情，始终保持献身使命的战斗热情

2003 年，"非典"疫情异常严峻。面对生死考验，王文珍说："党员、干部、入党积极分子先上，如果大家都不上，我一个人也要上。不管怎么说，我肯定先上！"她的一席话，极大地鼓舞了身边医护人员，也不断激励着自己一次次投入抗击"非典"斗争。一天，已下班的王文珍，听说一位"非典"病人病情恶化，她立即返回参加抢救，3 个小时后病人抢救无效去世。由于病人的呕吐物、排泄物、尸体传染性极强，已连续工作 10 个小时的王文珍，虽然又累又饿，但看着身边年轻护士，她毅然决定把生的希望留给她们，果断让她们退到安全地带，自己独自消毒、清理病人的排泄物、处理尸体、仔细为病房的每个角落消毒。当护士们帮她脱下厚厚的防护服时，汗水顺着她的内衣直往下滴。现场的护士含着热泪感动地说："是护士长影响了我们，使我们在生死考验面前做出了正确的抉择。她的崇高，使我们变得高尚！"由于"非典"病房工作强度大、危险性高，医院规定工作一个月后轮换休息。但王文珍以自己有多年急诊工作抢救经验为由，一次次谢绝轮换休息，坚决克服女儿中考无人照顾等困难，在"非典"一线的病房里坚守了 122 个日日夜夜，她领导的护理小组因防护措施得力，创造了无一例感染的奇迹。

争分夺秒拯救生命，忠实履行报效国家的神圣天职

5 月 12 日四川汶川特大地震发生后，王文珍作为海军总医院冯理达医疗队护理主任于 13 日第一时间到达绵阳重灾区。在随后的 70 多个日日夜夜里，她带领护理小组随医疗队辗转北川羌族自治县、绵阳市区、桂溪乡（今桂溪市）、擂鼓镇等地，出色地完成了一个个艰巨而危险的任务。一位因颅脑损伤而昏迷的重伤员，需要立即进行开颅手术，王文珍冒着生命危险带领大家把病人抬进空无一人的大楼 11 层手术室并进行手术，在余震发生时，她们没一人退缩，争分夺秒地进行着生命大抢救。当得知重灾区北川县城因道路中断，从废墟下救出的伤员得不到医疗救治时，患有腰椎间盘膨出、子宫肌瘤、胆囊结石、膝关节骨性关节

炎伴积液等多种疾病的王文珍和队友们硬是靠肩扛手提,将一个成建制的医疗队搬到了重灾区北川县城。在黄金救援期间,为尽快发现和抢救废墟下的幸存者,她带领3名队员和消防队员在废墟上、危楼中穿行,大声呼喊,寻找幸存者,全然不顾裸露的钢筋、铁丝和锋利的瓦片扎破手脚,鲜血直流。5月15日上午9时,在曲山小学东区坍塌的废墟中,12岁的芭蕾女孩李月,左腿被巨大的水泥板死死压住长达67个小时,王文珍和队员们奋不顾身钻进废墟,利用手电筒、刀片和线锯,成功为李月实施了地震后国内第一例现场截肢手术。在绵阳中心医院,负责病区护理工作时,王文珍精心护理伤员,休息时常常和衣而睡,为的是有突发情况能快速赶到病房。一次王文珍刚下班,突发5.9级余震,她立即冲回病房大楼,到大楼门口时,轻伤员和大批家属从楼内惊恐地往外跑,只有她和其他队员往楼内跑。这时,她放不下的是躺在6层的几个卧床的重病人。电梯停运了,王文珍和同事们就用担架把伤员一个个从楼梯往下抬。当她咬牙坚持把最后一个病人抬到楼下时,自己也昏倒在地上。

苦练本领,倾心播撒博爱人道的和谐理念

海上战伤救护,由于海况、天气和大海环境等各种因素影响,是一个世界性难题。2009年夏天,"和平方舟"号医院船进行全员全装满负荷检验性训练,王文珍欣然出征。演练中,护理难题接踵而至:护理工作流程没有规范、护理人员基本技术难以保持、救治需要与医疗资源配备极不合理,甚至出现集中收治的伤员不知去向、伤员检伤分类后找不到病房等现象……王文珍和战友们反复走流程、推程序,夜以继日地记录各种数据、规范操作流程。她们创新使用伤员腕带卡、去向卡,在医院船特殊的应急环境中规范护理工作"三查七对",避免出现差错;她们在风浪中苦练穿刺扎针、战伤包扎等护理基本技能,研究海上医疗救护的方式方法。王文珍撰写的《海上医院船医护组的护理管理》等论文,填补了我国海上医疗护理领域的空白。

2010年9月,年近半百的王文珍奉命出征。她带领"王文珍医疗队"随"和平方舟"号医院船历时88天、总航程17800海里,横跨多时区、纵越多温带、跨经两大洋、航经六海峡、两次过赤道,克服气候海况复杂多变、海上生活条件艰苦等重重困难,奔赴亚非五国执行"和谐使命—2010"医疗服务任务。活动中,她带领队员以"人道、博爱、奉献"的南丁格尔精神指导服务,出发前个人特意自费购买1万多元的文具和学习用品送给外国小朋友。活动期间,她和医疗队员们一起深入社区、岛屿、农牧区开展医疗巡诊,赶赴小学、孤儿院、残障学校、聋哑学校和

敬老院为弱势群体送医送药送健康,与当地医护人员就医疗技术、艾滋病防治、门诊诊疗等进行广泛交流,为当地医务人员展示针灸、拔火罐等传统中医技术,开展口腔、影像等医学理论和技术讲座,先后为亚非五国政府官员、军队官兵、民众和我国驻外使馆、中资机构、华人华侨开展体检、手术。她们的行动展示了我国负责任大国形象,体现了我国海军和平友好、开放自信的作风素质,将"美丽海洋、和谐世界"的理念镌刻在中国与亚非五国人民友谊的动人画卷之中。

面对鲜花和掌声,身边的人都说,王文珍还是原来的王文珍,就像一滴普通的小水珠,为人谦和,沉静淡然,润物无声。

【社会评价】

海军总医院护理部总护士长王文珍,入伍 40 多年来,一直奋战在一线临床护理岗位,她始终用亲情温暖病人,用真情服务病人,用博爱帮助病人。在抗击"非典"、汶川抗震救灾等重大任务中,她挺身而出,舍生忘死,用生命践行一名白衣战士、共产党员、当代军人全心全意为人民服务的宗旨。她先后荣立二等功、三等功各 1 次,受到各级表彰嘉奖 23 次,2008 年被评为"全国三八红旗手",2009 年荣获第 42 届南丁格尔奖,成为中国海军历史上获此殊荣的第一人。2011 年 9 月 20 日,在第 3 届全国道德模范评选中荣获"全国助人为乐模范"称号。她被群众誉为"身边的'提灯女神'",她的事迹被央视等多家媒体报道,她是用生命践行党和军队宗旨的白衣战士。2018 年 9 月 16 日,王文珍老师做客宁波卫生职业技术学院华美讲堂,为全校师生做了名为"用爱心高擎南丁格尔的生命烛光"的演讲。

= 学习指导

第一,树立正确的人生观。"服务人民、奉献社会"的思想,代表了人类社会先进的人生追求。一个人确立了服务人民、奉献社会的人生追求,才能以正确的人生态度对待人生、解决实际生活中的各种问题,以人民利益为重,始终对祖国和人民具有高度的责任感,在服务人民、奉献社会中实现自己的人生价值。王文珍热爱自己的职业,把"病人就是我的亲人,我愿长此守护病人"作为人生座右铭,在承担急难险重任务的海军总医院急诊科一干就是 22 年。她有过调离的机会,有过改行的机会,有过转业的机会,但她都选择了放弃。40 多年来,她曾不止一次默默承受脾气暴躁患者的责难与辱骂,但她面对病人灿烂的笑脸40多年没有改变过,因为她的信念从不动摇:"能亲手为病人解除痛苦,挽救病人的生命,是一份多么幸福的事业啊!"

第二,践行社会主义核心价值观。构建社会主义核心价值体系需要全社会的参与,王文珍的事迹告诉我们,社会主义核心价值理念并不高远缥缈,它就在我们的日常生活里,体现在我们的一言一行中,可感可知,可学可行。建立和谐的医患关系、社会关系,人人有责任,人人有作为。只要我们每一个人都能立足本职,从我做起,从点滴做起,身体力行,自觉自愿地去做构建和谐社会的践行者,我们的社会关系就会变得更加纯洁。

第三,树立正确的劳动观。无论从事什么劳动,都要弘扬工匠精神,干一行、爱一行、钻一行。王文珍在40多年护理生涯中,始终坚持"至精、至诚、至爱、至和"的职业操守,用实际行动诠释了"人道、博爱、奉献"的南丁格尔精神的真谛。

学习思考题:

1.通过阅读案例,你觉得王文珍的人生追求是什么?如何评价她的人生价值?

2.作为一名学生,你能从王文珍的身上学到哪些品质?而作为未来的医护人员,你能从王文珍身上学到哪些品质?

二 教学建议

本案例主要介绍了海军总医院护理部总护士长王文珍在一线临床护理岗位工作40多年,始终用亲情温暖病人、真情服务病人、热情帮助病人,用爱诠释着和谐真谛的感人事迹。本案例可用在《思想道德修养与法律基础》教材第一章第二节"正确的人生观"、第四章"践行社会主义核心价值观"、第五章中的"职业道德"的教学辅助中。

王文珍老师曾于2018年在宁波卫生职业技术学院华美讲堂做报告,老师们在运用这个案例的时候,可以向宣传部拷贝现场讲座视频,也可以从网上寻找王文珍老师的采访视频给学生播放。通过观看视频,引导学生思考如何评价王文珍的人生价值,作为未来医护人员,能从王文珍身上学到哪些品质,等等问题。

救死扶伤篇

07. 史玉泉
——我国神经外科的主要奠基人之一

═ 校本案例

【人物画像】

史玉泉,浙江余姚人,我国神经外科的主要奠基人之一,历任上海第一医学院教授、神经病学研究所所长,华山医院神经外科主任,博士生导师。在我国神经外科事业的发展过程中,他善于思考,勤奋钻研,为神经科学发展留下了宝贵财富,特别是对脑血管病的临床诊治和理论研究,取得了世人瞩目的成果。他亲手灌注的上百个颅内动静脉畸形标本模型,千姿百态、玲珑剔透,堪称艺术精品,成为医学院校的经典教具;对颅内动静脉畸形进行分级的"史氏分级法",得到国际认可并沿用至今;他写下的论著,成为一代又一代神经外科医师的宝典。

【主要事迹】

在艰苦条件下创新

说起神经外科的发展史,不过才百余年,是一门年轻学科,总体可分为三个阶段:神经生理学时代、原始放射成像学时代及电子学时代。史玉泉开始从事神经学外科时,正处于第二个时代,当时全国有最重大的抗美援朝任务,医疗条件艰苦、物资匮乏。临床遇到的许多问题,都要自己想办法解决,没有动脉瘤夹,就用丝线结扎动脉瘤,他所创用的颅内动脉瘤套扎法,在各种动脉瘤夹问世前就已在临床应用,开颅手术中应用的明胶海绵、骨蜡、线锯,都由他想方设法自行制造,甚至显微外科手术器械、手术显微镜、双极电凝器等亦经他与相关的医疗器械厂联系,协作研制来解决。抗美援朝期间,他曾参加志愿军医疗队,为百余例慢性头部火器损伤病人进行后期清创术,全部治愈,无手术死亡;为志愿军中的冻伤性截肢后残端病进行了腰交感神经切断术治疗,取得了良好的效果;为志愿军中大量脑肺吸虫病例进行了神经外科治疗与研究,从而确定了该病的发病机制是由于肺吸虫成虫在脑内穿凿爬行,推翻了当时国际上普遍认为的虫卵沉积学说。

工作、生活中善于思考

在做脑动静脉畸形(AVM)切除手术时,善于思考的史玉泉想到,平时在书本上,血管造影片子上看到的畸形团都是一个平面图像,畸形团里面是什么样的呢? 动静脉之间又是如何沟通的呢? 于是,他在切除畸形团时,小心地分离动脉、静脉,用银夹标记动脉,用丝线标记静脉,将畸形团完整地剥离下来。术后带回实验室,用不同粗细的针头分别插入动脉和静脉,然后用丙酮溶化 ABS 塑料配成红、蓝两种塑料溶液,同时灌注,使缩瘪的畸形团标本重新膨胀起来,再将畸形团放入甲醛中固定,待塑料液凝固,放入浓盐酸中浸泡 24 小时,使脑组织完全溶解,最后将模型冲洗、干燥,装入有机玻璃盒中保存。1978—1989 年,史玉泉就这样不厌其烦地制作成功了 100 多个模型,做一个模型要花许多时间和精力。辛勤的汗水,终于换来了丰硕的成果。这些模型有的血管粗大呈球状,有的细支分叉像扫帚,也有的扭曲成团状,根据不同的形状,他把 AVM 的立体形态归纳为曲张型、帚型、球形及混合型,曾有外国学者来参观华山医院,看到这些 AVM 模型时,赞赏不已,争相拍照,有的甚至向史玉泉索取及购买,遇到这种情况时,史玉泉只能送人家一个,自己留下照片存档。

另外,他根据术前通常评估 AVM 的一些指标,如畸形团大小、部位深浅、供血动脉、引流静脉的复杂程度,把 AVM 分为四级,制订出一份 AVM 的分级量表,根据这个分级,可以在术前预测手术效果。他曾对 100 例术后病例的手术效果进行测定,发现Ⅰ、Ⅱ级 AVM 都能做到全切除,结果良好,不留下后遗症,故最适宜做手术全切除。Ⅲ级 AVM 术后有一定的病残率,可选择性做 AVM 切除术、栓塞术、主要供血动脉结扎术或栓塞加切除联合手术治疗,Ⅳ级 AVM 重残率及手术死亡率高,不宜做切除手术,只能考虑做选择性栓塞术或部分供血动脉结扎术。这一分级标准被称为"史氏分级法",得到国内外神经学科学者的认同,国外多数脑血管专著中都有介绍。1979—1989 年,在史玉泉领导下,医院手术切除了 200 例 AVM,Ⅰ、Ⅱ级患者能够完全恢复健康,甚至位于中央区的

AVM 患者也未留下后遗症,只有一例Ⅲ—Ⅳ级患者,术后昏迷死亡,死亡率只有 0.5%。

史玉泉在中学时代,最喜欢数学,数学成绩总是全班第一。在上海医学院入学考试时,共有五道数学题,要求考生做四题即可,而史玉泉很快将五道题全部解出,得了超满分。这就不难理解史教授发表的医学论文里,为什么有应用数学的内容。有一次,他偶然看到一篇关于神经解剖的文章,里面有通过颅底宽度计算卵圆孔位置的公式,他马上灵机一动,想到治疗三叉神经痛时,可以利用这个公式来确定穿刺三叉神经半月结目标。于是,他设计了一把"三叉神经半月节定位尺",只要将此尺装在患者耳屏前颧弓根的结突上,就能量出颅骨的宽度,从而确定卵圆孔的位置。根据它与穿刺点所形成的三角形,就可以决定穿刺的方向与角度。这样,他就不需要 X 线的辅助,顺利地将针头或电极刺入三叉神经半月节。史玉泉感慨地说,现在虽然科技发达了,但一些简单、有效又经济的基本功不应该丢弃。

坚持与拒绝的医者仁心

1968 年,第二炮兵部队的一位政委,得了一种"怪病",只要一咳嗽或大声讲话,颈后右侧就剧烈疼痛,而且痛得禁不住要用手去捂,患者称之为"捂脖子"。史玉泉前去会诊,在体格检查中,细心的他发现患者左侧上肢肌力下降,右枕区针刺感减退,他马上联想到"枕大孔区综合征",怀疑患者长了肿瘤。所以,史玉泉提出应给患者做分次气脑造影。在透视中,他和放射科医师似乎看到了枕大池受压迫的痕迹,可拍摄出来的 X 线片,却没有阳性显示,鉴于患者身份,是否做手术,要向上级层层报批。在那个特殊年代里,院长、革委会、工宣队领导坚决反对手术,说 X 线片都没问题,怎么能开刀呢? 患者住在医院等待审批期间,左下肢也开始无力,史玉泉心急如焚,再拖下去患者可能有生命危险,他顶着压力,反复向患者及家属陈述后果,报告终于打到中央军委,军委批示:"一切治疗按史医生意见办。"

史玉泉虽然拿到了"尚方宝剑",但手术那天,面对满屋党政要员,心里还是不免打鼓,万一不是呢? 当用咬骨钳取掉裹椎后弓后,他用食指轻轻一摸硬膜,感到有些发硬,顿时气定神清,知道八九不离十了,旁边的人急促地发问:"是不是?"史玉泉镇定地回答:"需要打开硬膜以后才能知道。"打开硬膜后,果然在延髓旁发现核桃般大小的脑膜瘤,肿瘤被完整切除,未留下任何后遗症,患者恢复良好。

在使用 MRI、CT 做辅助检查的电子时代,诊断这个部位的肿瘤,是轻而易举的事，可当年史玉泉仅凭分析脑造影，就准确无误地做出诊断，除了史教授丰富的临床经验、扎实的神经系统检查功底外，更折射出他对患者负责、对生命尊重和不计个人得失的高尚品德。

还有一位40多岁的女患者，自觉走路步态不稳，外院头部X线片检查诊断为扁平颅底，建议手术治疗，史玉泉检查该患者后，认为是轻度扁平颅底，暂不必手术，建议她保守治疗。半年以后，患者再次找到史玉泉，倾诉症状加重，坚决要求手术治疗。史玉泉检查后，发现病情并无变化，请患者继续服药，不能心急。患者以为史玉泉不愿为她治疗，居然跪下苦苦哀求，史玉泉耐心向她解释病情，如贸然进行手术反而会破坏本身的稳定机制，给病情带来不利的影响。两年后，患者第三次见到史玉泉，高兴地一个劲儿感谢："亏了您坚持不给我开刀，现在我都好了。"

两个手术，一个坚持，一个拒绝，透露出史玉泉正直、善良的仁者之心。

在中国神经外科发展历程中，有太多医学经典案例，而经典的缔造者与发扬者之一——史玉泉教授在60多年从医生涯中，始终坚守初心，砥砺前行。

【社会评价】

史玉泉教授是上海医学院神经外科的创始人和中国神经外科的开拓者和奠基者之一。数十年来，史玉泉教授以精湛的外科技术治愈了数以千计的重危病人，其治疗技术达到国内外先进水平。他在1991年被国务院表彰为"有突出贡献者"，并发给政府特殊津贴及证书。1995年由华山医院授予其"终身教授"称号。

史玉泉教授也是一位杰出的医学教育家，自1954年开始，由他主持举办的神经外科进修班先后有33届，培养神经外科医生200多人。1980年，他担任我国第一批博士研究生导师，先后培养了硕士研究生10名，博士研究生5名。他的学生遍布全国各地，其中大部分已经成为神经外科专家，有的走上领导岗位，为我国神经外科事业的建设和发展做出了不可磨灭的贡献，产生了深远的影响。为此，他先后获得国家授予的多项奖励和荣誉称号。

≡ 学习指导

两个手术，一个坚持，一个拒绝，体现了史玉泉教授的以下几点精神品质。第一，工匠精神。新时代工匠精神的基本内涵，主要包括爱岗敬业的职业精神、精益求精的品质精神、协作共进的团队精神、追求卓越的创新精神这四个方面的内容。这两个病例有不同诊断结果体现了史玉泉教授精湛的医学技术,他对医学这个行业的热爱、钻研、勤奋,成就了他的医术。第二,精湛医术需要高尚医德来滋养。史玉泉教授医者仁心,他始终站在患者的角度思考问题,想患者之所想,急患者之所急,所以才有坚持和拒绝的不同决定。第三,"无我"的精神。史玉泉教授在给政委判断病情时,在机器都显示正常的情况下,仍旧坚持己见,顶着巨大的压力,一心为病人着想,把自己的安危,以及失败后要承担的后果抛在脑后,这是一种"无我"的敬业精神,正是这种敬业精神,让他在工作上一丝不苟,在业务上精益求精,用自己崇高的医德和精湛的医术,谱写了精彩的医学人生。

学习思考题:

1. 如何评价史玉泉教授的人生价值?

2. 两个手术,一个坚持,一个拒绝,从中你能体悟到史玉泉教授什么样的精神品质?

3. 结合自己未来的职业,谈谈从史玉泉教授身上学到如何弘扬工匠精神。

三 教学建议

第一,本案例突出显示的一个精神品质就是史玉泉教授的爱岗敬业。爱岗敬业反映的是从业人员对待自己职业的一种态度,也是一种内在的道德需要。爱岗敬业就是要干一行爱一行,爱一行钻一行,精益求精,尽职尽责。史玉泉教授用自己毕生精力钻研医学,潜心治病救人。在职业道德教学中,教师可以组织学生围绕"坚持与拒绝"的医者仁心案例,探讨史玉泉教授的精神品质。

第二,在《百岁神外大家史玉泉——女儿眼中的父亲》这篇文章中,史玉泉的女儿史海燕讲述了她眼中的父亲:为治病救人史玉泉练就了"飞毛腿";接待过许多访华的外国专家,担任过里根、戈尔巴乔夫等外国领导人访华的保健医生,为华山脑外科走向世界起到了桥梁作用;对自己的遭遇从不计较,但对病人却是无微不至,急病人之所急。他医治的患者无数,从中央首长、富贵达人到贫困农民,所有这些人在他眼里都变为一种人:病患者。他对所有病人一视同仁,从不以职位高低、贫富差异而区别对待。教师在讲述本案例时,可以结合史玉燕的这篇文章,使学生能够更加立体地认识史玉泉教授,体会到作为一名医务人员的勤奋、敬业、奉献和牺牲精神。

08. 顾方舟

——毕生心血制"糖丸"

= 校本案例

【人物画像】

顾方舟，医学科学家、病毒学专家，长期从事脊髓灰质炎预防控制研究，中国医学科学院北京协和医学院原院长。1926年出生于上海市，原籍浙江宁波，1944年进入北京大学医学院医学系学习，1951年就读于苏联医学科学院病毒学研究所，攻读病毒学专业。1958年起先后在中国医学科学院病毒学研究所脊髓灰质炎研究室、医学生物学研究所任职，后任中国医学科学院院长、中国协和医科大学（今北京协和医学院）校长。2019年1月2日，因病在北京逝世，享年92岁。他在20世纪50年代临危受命，对脊髓灰质炎的预防及控制的研究长达42年，是中国组织培养口服活疫苗开拓者之一，被称为"中国脊髓灰质炎疫苗之父"。

【主要事迹】

投身公共卫生领域

一个医学系的学生，为何会投身公共卫生领域，选择传染病预防与控制研究？顾方舟的父亲在他幼年时就因传染病去世，幼年丧父的惨痛经历，使得他对公共卫生领域多有关注。1950年，正处于百废待兴之际的新中国，在公共医疗卫生领域有许多空白和缺口。于是，顾方舟毕业后没有像很多同学一样去当外科医生，而是选择在战场和多地忙于公共卫生事业。因为他认为外科手术只能治几个人,但公共卫生"做好了就是一大片受益"。

1951 年,顾方舟作为中国第一批留学苏联的学生,被派往苏联医学科学院病毒学研究所学习,师从苏联著名的脑炎病毒专家列夫科维奇教授。经过 4 年的学习研究,1955 年的夏天,顾方舟取得了苏联医学科学院副博士学位,回到祖国。这段经历,为他今后的发展和贡献奠定了坚实的专业基础。

就在顾方舟回国那一年,也就是 1955 年,一种从未大规模流行的疾病——脊髓灰质炎,在国内暴发。脊髓灰质炎又称小儿麻痹症,被感染的人大部分能够自愈,但也有一部分人会留下终身残疾,甚至死亡。然而,当时的中国医学界对它几乎一无所知。脊髓灰质炎疫情在中国非常严重,从江苏南通市开始,1680人染病并因此瘫痪,死亡率高达 27.75%。随后,脊髓灰质炎迅速在全国多座城市蔓延,青岛、上海、济南……一时间,全国恐慌。许多家长背着孩子在各大医院之间奔走,哀求医生救孩子一命。但医生只能无奈表示,这种病一旦感染,就无法治愈。顾方舟看到这样的情景,十分心痛。他明白:想要阻止这种令人恐惧的疾病,必须研制出疫苗。

勇于担当,制定技术路线

1957 年,顾方舟临危受命,着手进行我国脊髓灰质炎疫苗研究工作,他首次用猴肾组织培养技术分离出病毒,并用病原学和血清学的方法证明了以 I 型为主的脊髓灰质炎流行。1958 年,顾方舟从患者粪便中分离出脊髓灰质炎病毒并成功定型,为免疫方案的制定提供了科学依据。到 1959 年,面对久久不散的公共卫生危机,卫生部决定派顾方舟等 4 人,到苏联学习脊髓灰质炎疫苗的生产工艺。

其实早在 1950 年左右,美国和苏联就已经分别研制出一种脊髓灰质炎疫苗。美国普及的是死疫苗(不具备感染性的"病毒类似物"),它安全,但价格高昂,而且只能让感染病毒的患者不发病,无法阻止病毒传播。苏联制造的是减毒活疫苗(指通过减少病原体的毒力,但仍保持它存活的疫苗)便宜、高效,但还未进行安全性试验,安全性仍有疑问。注射这种疫苗,就是碰运气,一旦发病,后果不堪设想。在 1959 年的脊髓灰质炎疫苗国际会议上,学者针对这两种疫苗的使用争论不休。国际专家这样告诉参会的顾方舟:苏联开始用死疫苗,害怕使用活疫苗,万一出点什么事,谁担得了责任,我们不好建议,你自己研究决定。

"一人份的死疫苗成本是减毒活疫苗成本的一百倍,中国当时承担不起成本高昂的死疫苗生产。"中国工程院副院长、中国医学科学院院长王辰说。顾方舟勇敢地向卫生部写信建议，选择减毒活疫苗。它虽然风险很大，但成本低，还能防止疾病传播。为了阻止国内疫情流行，这在当时无疑是最佳的选择。1959 年底，国家采纳了顾方舟的建议，中国脊髓灰质炎活疫苗的研究工作展开。如果没有顾方舟的建言，中国采取了死疫苗技术路线，消灭脊髓灰质炎的时间必定会大大延长。

历尽艰难研制疫苗

尽管从苏联带回了美苏研制的疫苗原液，但实验数据仍是秘密。顾方舟等人需要证明脊髓灰质炎活疫苗的安全性，再进行生产和推广。1960 年，顾方舟与他的同事们来到云南昆明。因为在这里，有一个猕猴养殖基地，可供他们进行实验。物资紧缺、苏联撤走专家、交通困难……在艰苦的环境下，他们住在滇池附近的山洞里，或者临时搭建的窝棚里。历尽千辛万苦，9 个月后，昆明生物研究所终于建成，就连疫苗生产线也是自己建的。当年，他们就成功研制出脊髓灰质炎液体活疫苗，并制订了相关制造及检定规程。

研制成功只是第一步，在疫苗研发中最大的难题是，必须进行临床试验，才可以确定安全性，确定能否推广。首批疫苗生产出来投入临床试验，面对无人敢以身试药的困境，顾方舟和同事们在自己身上试验，冒着可能瘫痪的风险，喝下了疫苗溶液，完成了安全性测试。可是这还不够，要证明疫苗阻断疾病传播的能力，就需要在孩子身上进行试验！时间紧迫，顾方舟做出了一个大胆的决定，他和实验室的另一个同事，瞒着妻子家人，给刚刚满月的儿子吃下了脊髓灰质炎液体活疫苗。做出这样的决定，顾方舟备受煎熬，一边是自己的孩子，一边是千万个处于未知危险中的孩子，亲情和国家，两端都重逾千斤。虽然"谁都不敢吃，但总得有人吃"。这个父亲为了国家，为了这个国家的孩子，做出了可能是一生中最残忍的决定。幸运的是，测试期过去，孩子们都平安无事。中国首批脊髓灰质炎疫苗的有效性和安全性，就是这么验证出来的。1960—1961 年，全国 11 座城市、450 万儿童服用了疫苗。

如果说之前的疫苗研制，还是复制，样本来自国外，那么"糖丸"，就完全是顾方舟等人的原创，是脊髓灰质炎疫苗的中国版本。顾方舟的免疫策略中，要实现全中国的孩子一个也不能少。远在西藏高原、新疆大漠、贵州深山的孩子要无一例外进入防护屏障，稍有疏漏，病毒就可能复发。那时没有冷链，怎么让疫苗有效地在全国短期内流通？顾方舟想到了"糖丸"。疫苗最开始是液体的，运输困难，"糖丸"发明后，防疫人员在广口瓶里装上冰块或者冰棍，一家一家送，实现了在规定时间内一个群体形成免疫屏障的抗病毒要求。糖丸疫苗,一举解决了当时液体疫苗的冷藏保存问题和浪费问题,使疫苗迅速推广到中国贫穷落后的农村。1965 年,全国农村逐步推广疫苗,从此脊髓灰质炎发病率明显下降。自1964 年脊髓灰质炎糖丸疫苗在全国推广以来,脊髓灰质炎的年平均发病率从1949 年的 4.06/100000,下降到 1993 年的 0.046/100000,数十万儿童免于致残。

一生只做一件事

2000 年,世界卫生组织宣布西太平洋地区已经消灭脊髓灰质炎。事实证明,顾方舟的计划免疫策略没有漏掉一个孩子,在约 960 万平方千米广袤的中国,在地形多样、宗教民族多样化的中国,免疫遍及每一个角落。年逾古稀的顾方舟作为代表,在联合国"中国消灭脊髓灰质炎证实报告签字仪式"上,神圣而庄严地写下了自己的名字,标志着中国正式步入无脊髓灰质炎国家之列。当时他激动得一夜未眠,说:"我们这几十年,这辈子,没白辛苦。"

领命在身时,顾方舟不过 30 多岁,到他在"中国消灭脊髓灰质炎证实报告签字仪式"上签下自己的名字时,已是 74 岁。42 年的岁月,他一直为此殚精竭虑。尽管对医学和人民健康事业做出了不可磨灭的重大贡献,但回顾总结自己的人生时,他只是轻描淡写地说:"我一生只做了一件事,就是做了一颗小小的糖丸。"在顾方舟追思会上,巴德年院士评价道:"能解决问题的技术,就是高技术,能彻底解决实际问题的技术,就是最高技术。"

【社会评价】

顾方舟是新中国最伟大的病毒学家之一。他和一众研究人员"以身试疫苗",用一颗小小糖丸,为我国的疫苗发展史做出了重大贡献。在疫苗研制成功后,他又对疫苗的应用普及倾尽心力,让无数孩子免受残疾和死亡的威胁。睿智和担当为他赢得了"糖丸爷爷"和"策略大师"的称呼。1987 年,顾方舟当选英国伦敦皇家内科医学院院士。1990 年,顾方舟当选欧洲科学、艺术、文学科学院院士。1992 年,顾方舟当选第三世界科学院院士。2019 年 9 月 17 日,习近平总书记签署主席令,授予顾方舟"人民科学家"国家荣誉称号。2019 年 9 月 25 日,顾方舟获新中国"最美奋斗者"称号。

二 学习指导

第一，集体主义是社会主义道德的原则。在社会中，人既作为个体而存在，又作为集体中的一员而存在，集体和个人是不可分割的。在社会主义国家，国家利益、社会整体利益和个人利益也是不能分割的。国家利益、社会整体利益体现着个人根本的、长远的利益，是所有社会成员共同利益的统一。在旧中国，由于公共卫生医疗水平低下，顾方舟的父亲感染传染病没能得到有效救治而去世。可见社会整体的医疗发展水平决定了普通社会个体能够获得何种程度的医学治疗服务。家庭经历和这种"做好了就是一大片受益"的认识促使顾方舟从北京大学医学院毕业后选择从事公共卫生事业，投身传染病防治领域。集体主义强调，在个人利益与国家利益、社会整体利益发生矛盾冲突时，尤其是发生激烈冲突的时候，必须坚持国家利益、社会整体利益高于个人利益的原则，个人应当以大局为重，服从国家利益、社会整体利益，在必要时做出牺牲。当然，只有在不牺牲个人利益就不能保全国家利益、社会整体利益的情况下，才有这种牺牲。当脊髓灰质炎在国内蔓延、成千上万的孩子因感染面临瘫痪甚至死亡的威胁时，疫苗研制晚一日就意味着会有一批孩子感染疾病。顾方舟与同事在自己身上完成疫苗的安全性测试，又在疫苗研制的关键时期决定给自己刚满月的孩子使用疫苗进行测试，体现了集体主义的道德观，顾方舟毅然选择以大局为重，牺牲个人家庭利益，维护了国家、社会的共同利益，最终维护了个人的根本利益和长远利益，实现了个人理想与社会理想的统一。

第二，实事求是，就是一切从实际出发，理论联系实际，坚持在实践中检验真理和发展真理。顾方舟在实事求是思想路线的指引下研制脊髓灰质炎疫苗，确立属于中国的技术路线。顾方舟从患者粪便中分离出脊髓灰质炎病毒并成功定型，为免疫方案的制订提供了科学依据。他清醒认识和正确把握了我国的国情，没有一味效仿美苏模式，甘愿承担研发的艰苦和风险，选择成本低、还能防止疾病传播的减毒活疫苗，并根据中国广大农村的实际情况发明研制"糖丸"，一举解决了当时液体疫苗的冷藏保存问题、浪费问题，使疫苗迅速推广到中国贫穷落后的农村。一方面，顾方舟把立足点放在自己身上，另一方面也积极争取外援，学习对我国有益的外国先进研究成果。事实证明，只有立足中国国情，实事求是，独立思考，走自己的路，才能真正解决中国的问题。

第三，改革创新表现为一种不甘落后、奋勇争先、追求进步的责任感和使命感。改革创新充满艰辛、奉献甚至牺牲,顾方舟和他的同事们在强烈的责任感和使命感支撑下,克服和战胜了疫苗研发推广中的种种艰难曲折。陈规最易束缚人的思维和手脚,要创新,就要有强烈的创新意识,要有打破砂锅问到底的劲头,勇于开拓新的方向,攻坚克难,顾方舟一反疫苗惯常的液体针剂形式,开创性地研制糖丸疫苗,展现出强烈的创新意识。虽然国际上已有研究成果,但是顾方舟没有一味跟踪模仿,走上了前人没有走过的路,面对未知风险,他们并未停下探索的脚步,勇往直前,最终成功地在我国消灭脊髓灰质炎。当代大学生要有改革创新的责任感和使命感,敢于突破陈规甚至常规,树立大胆探索未知领域的信心,扎实学好专业知识,夯实创新基础,勇做改革创新的实践者和生力军。

学习思考题:

1. 为什么顾方舟会做出将脊髓灰质炎疫苗原液用在自己孩子身上做试验的决定?

2. 顾方舟没有沿袭美苏的防控模式,而是为中国制定了一条属于自己的技术路线,这说明什么?

3. 打破疫苗针剂常态,采用糖丸的形式体现了顾方舟的什么思维特点?

二 教学建议

本案例主要介绍医学科学家、病毒学专家顾方舟在艰难岁月里专注脊髓灰质炎疫苗研发与推广,一生只做一件事,帮助我国成功消灭脊髓灰质炎,让数十万儿童免于残疾的事迹。本案例主要适用于《思想道德修养与法律基础》教材中"人生价值的评价与实现""个人理想与社会理想的统一""做改革创新生力军""社会主义道德的核心和原则"和《毛泽东思想和中国特色社会主义理论体系概论》教材中"毛泽东思想活的灵魂"部分内容的辅助教学。

第一,改革开放以后,几乎每个中国人都曾在幼年时期接触过脊髓灰质炎疫苗,尤其是糖丸形式的疫苗,在许多人的记忆中留下了深刻印象,但是很少有人真正了解过脊髓灰质炎糖丸疫苗的发明过程和发明者。这是本案例应用的优势所在,即这是一个令学生感到既熟悉又陌生的案例,学生们可能多少知道"糖丸"的存在,或者至少听说过"小儿麻痹症",而本案例帮助他们从已知向未知拓展,更全面地了解脊髓灰质炎糖丸疫苗的前世今生。一旦案例与学生有了关联,其接受度就会更高,应用就会更有效,案例也将产生更直观的影响。本案例可应用于学校所有专业学生,其中对卫生检验与检疫专业学生可做重点讲解。

第二,本案例在"思想道德修养与法律基础"和"毛泽东思想和中国特色社会主义理论体系概论"两门课程中均可应用。在"毛泽东思想和中国特色社会主义理论体系概论"课程中,可按照案例事件发生的年代以及人物的一系列行为选择,考虑运用到"毛泽东思想活的灵魂"部分内容的讲解中。顾方舟建议制定属于中国自己的防控技术路线尤其体现出实事求是和独立自主的立场、观点和方法。在"思想道德修养与法律基础"课程中,可以用顾方舟一生专注脊髓灰质炎疫苗的研发与推广讲解"人生价值的评价与实现",用顾方舟的个人愿景与社会目标结合讲解"个人理想与社会理想的统一",用顾方舟创造性地采用糖丸形式承载疫苗来讲解改革创新,用顾方舟的公而忘私讲解"社会主义道德的核心和原则"。

第三,尽管脊髓灰质炎糖丸疫苗已推广到家家户户,但它的发明人顾方舟并非是在他的专业领域之外家喻户晓的人物,仅仅是当他去世时媒体才报道。教师在教学中也可以借顾方舟一个人物,向其他领域的类似人物发散,以他为例引导学生去寻找那些在各个领域默默奋斗,为国家发展为社会进步做出显著贡献的"无名"英雄。进一步,教师可以要求学生在自己专业领域中寻找此类人物,去发现他们身上的各种优秀品质和闪光点。由此,结合《思想道德修养与法律基础》教材第五章第四节"向上向善、知行合一"的内容,扩展学生可以学、能够学的职业道德模范。

09. 金中梁

—— 医德双馨好医生

＝ 校本案例

【人物画像】

金中梁为人熟知缘于 2016 年的一张照片。专注的眼神、满头的白发、啃了几口的烧饼和满桌的病历本,这张由网友发到网上的照片,随着人民网、新华网等媒体的转载,迅速感动了全国网友。金中梁医术高超,耐心和善,专看杂病。对待医疗工作,他总是充满热情和奉献精神,去世前一天,77 岁的金中梁还为 80 多名患者看病。

金中梁不但是位好医生,在退休前也是位教书育人的好老师。曾在宁波卫生学校(宁波卫生职业技术学院前身)工作 20 多年,他爱学生如子,深受学生爱戴,师生关系如同忘年交,他的学生遍布全国各地,多是事业有成的佼佼者。

【主要事迹】

2016 年 3 月 19 日晚上 8 点多钟,当时的金老正饿着肚子坐诊。还有好多病例没处理,今天的事必须要今天完成,秉持着这些信念的金老已经许久未离开他的办公桌了。

同事们去吃晚饭时,看见金老还在工作,不少人都劝他休息休息,去吃个饭。金老只是淡淡一笑:"没事,你们去吧,我还不饿。""那怎么行呢?这样下去你的身体可吃不消啊。"面对同事们的关切,金老无奈地笑着:"那你们帮我去楼下那家店铺买个大饼吧,谢谢你们了。"面对认真的金老,大家只能各自散了。

当看到金老开始吃烧饼时,同事们转身离开。望着大家离去的身影,他握着大饼的手，不知何时慢慢低下来了。另一只手握着鼠标，头偏向电脑，聚精会神地看着，就如定格的画面一般。有一位路人经过他的办公室，被他的气质与敬业态度所折服，悄悄地拍了照。一打听，原来这位75岁的老中医在圈内赫赫有名，他正在加班看病，边啃着烧饼边工作。

这张照片被传到网上，瞬间爆红，连获数赞。原以为故事到这便结束了，没想到金医师的态度让人赞叹不已。看到大家的敬佩与赞美，金医师只是连声说着"出丑了，惭愧"。对他而言，把烧饼当晚饭没什么特别的，加班看病也是很正常的事情。因为金医师年轻的时候就是这么过来的，下乡给人看病，为了不麻烦人家，去的时候带几个烧饼，渴了就喝点山泉水。

金中梁曾说："人这一辈子要让别人在你背后说你一句好话是不容易的，要做别人口中的好人！"他做到了。

某些人能让人刻骨铭心地记住，是因为他身上的闪光点。金老他一生都在追求做个好人，毫无疑问，他的替人着想，他的无私奉献，他的敬业真诚，感染了许多人。

【社会评价】

"金大夫是医生的楷模，耐心、良心、放心的代言人。""金大夫最敬业，德医双馨、尽心尽职、悬壶济世、妙手仁心，是难得的好医生，是有大爱之心的专家。""志在救人，剂温凉寒暖，而万姓感德；心欲济世，诊沉浮迟数，乃千古扬麻。金老一路走好。""真是一位好医生，金老的离世是我们余姚老百姓的一大损失。""在医患关系较为紧张的当下，金老的言行精神让人们坚定了对医生这个职业的信任和敬意。"……这是金老去世后，人们在网络上的留言，每一条留言的背后都蕴藏着一个感人的故事，每一句情深意切的哀悼都是余姚市民对其最深情的怀念。

一句句的赞美讲述了金老曾经的光辉事迹。这个世界因为他多了一份温暖，因为他人们再一次审视了医生这个职业。他的存在，为医生这个职业谱写了最美的赞歌，他为这个世界增添了太多的温暖与力量。

☰ 学习指导

积极进取的人生态度。走好人生之路，需要正确认识、处理生活中各种各样的困难和问题，保持认真务实、乐观向上、积极进取的人生态度。金老在全国中医选拔考试中荣获第一,可他为了积累经验在休息日依旧出去为人看病,也许一天下来很累,也许一开始并没有什么效果,可他一如既往坚持着。积极进取的他,不仅注重实践学习,也注重理论学习,他背诵阅读有关医学的书籍,哪怕上了年纪还不忘学习,戴着老花镜或是拿着放大镜逐字逐字地读着。逆水行舟,不进则退,人生实践是一个创造的过程,只有顺应历史发展的趋势,以开拓进取的态度迎接人生的各种挑战,才能不断领悟美好人生的真谛,不断丰富人生的意义。

理想信念是精神之"钙"。它昭示着奋斗目标,提供前进的动力,能提高精神的境界。志向高远,便力量无穷。一个人有了崇高的理想信念,才会以惊人的毅力和不懈的努力成就事业,金老一心只想治病救人,哪怕舍弃休息时间也要把病人看完。他燃烧自己,照亮他人。为了不让远道而来的病人久等,为了把病人看完,为了把工作做好,加班忘吃饭于他而言再正常不过了。金老直到去世前一天还忙着给病人看病,是意志、信念支撑着他为他人服务。理想信念是人的思想和行为的定向器,一旦确立就可以使人明确方向、振奋精神,即使前进的道路曲折、人生的境遇复杂,也能使人看到未来的希望和曙光,永不迷失前进的方向。

爱岗敬业、服务群众、奉献社会,为了把工作做好,加班忘吃饭于他而言再正常不过了。普通人少吃一顿饭就饿得前胸贴后背、两眼冒金星,脑子也不灵光了。可人家一直干到头发全白,抗累能力虽大不如前,但他一直撑着。这些都是他爱岗敬业的体现。

为人民服务是社会主义道德的核心,各行各业的从业人员都要以服务群众为目标。奉献社会,就是从业人员在自己的工作岗位上兢兢业业地为社会和他人做贡献。不论在患者眼中还是在社会上各形各色的人眼中,金中梁都是医德双馨的智者。他的形象和价值观都是正面与积极的,温暖与引领着他人与社会。

学习思考题:

1.金中梁先生身上有哪些可贵的品质?

2.我们该如何克服生活中的困难?

3.日后工作上你想扮演什么角色?

4.你会如何提升自己的生命价值?

二 教学建议

本案例主要介绍了宁波老中医金中梁的感人故事，通过一张照片折射出的是一位医生对工作的热忱，对病人的负责。金中梁曾在宁波卫生职业技术学院教学 20 多年，他不仅是位好医生，也是位教书育人的好老师。将发生在身边的感人事迹运用到"思想道德修养与法律基础"这门课程的教学中，可丰富思政课的教学内容，增强课堂的感染力，使学生产生共鸣。该案例可适用于《思想道德修养与法律基础》教材中关于人生观、职业观及学习道德模范等相关内容的讲解。

第一，教师可通过该案例设置相关思考题，用问题导入，让学生在思考问题、回答问题的过程中总结归纳关于《思想道德修养与法律基础》教材中的相关知识点。

第二，该案例中的人物是一位老中医，可有针对性地将该案例讲解给中医专业的学生，增强榜样示范作用。

第三，可让学生通过采访金老生前身边的人较全面地了解金老，学习金老身上的优秀品质。

10.周行涛

——"中国好医生"

＝ 校本案例

【人物画像】

周行涛教授 1999 年毕业于上海医科大学,获医学博士学位。曾在美国波士顿新英格兰视光学院学习屈光和角膜接触镜。在韩国东亚大学做博士后课题。现任复旦大学附属医院眼耳鼻喉科副院长、亚太近视眼学会(APMS)常委、科学秘书及SMILE 屈光手术主席、卫生部准分子激光培训专家委员、中国微循环学会眼专业委员会屈光学组副主任委员、中华眼科学会角膜组委员和视光学组委员、上海医学会激光学会眼科组组长、上海视光学与屈光手术学组组长,是上海银蛇奖获得者。

周行涛教授是宁波卫生职业技术学院 1987 届医士专业毕业的校友。在校学习生活的 4 年里,他勤俭刻苦,成绩优异。大学毕业后,他继续深造,通过读研、读博不断强化专业技能。多年来,他孜孜不倦地致力于近视手术临床基础研究,不断优化激光矫正安全性,手术量和 SCI 论文量均排名全球第一,在近视防治领域享有国际"Dr. SMILE"声誉和"Eye Health Hero"称号,为专业领域技术推广和成果转化做出巨大贡献。

【主要事迹】

"医者父母心,世上没有一双眼不美"

周行涛医生说:"我觉得没有一双眼睛不美,是因为从做医生的角度,无论看起来多么糟糕的眼睛,有了光,便有了一切。"周行涛医生回忆,从业以来,"我看到的眼睛不计其数，即使只论近视手术也有几万，我从内心也感谢无数经我手诊治的患者，让我看到更多善美的光。我看到的眼睛，诚然，从来没有一双是完美的眼睛，但至少在我看来，也几乎没有一双是不美的眼睛"。

有些眼睛的缺陷当前无法改变。周行涛医生在奥比斯义诊筛查时遇到一个3岁的孩子，是 Godlenhar 综合征中很罕见的类型，一只眼睛清澈明净，但是，只有一只眼睛，他的一半脸是混元未开的，在侧面露出很小的孔隙，似为左眼，左半边鼻子及左颚都没有发育开来。他在检查中，试着与孩子对话，孩子思维敏捷，吐字清晰，天真的笑容融化了周围人的心。虽然当前医疗水平有限，但周行涛医生依然全力救治，抱着一线希望。生命是美好的，在孩子纯真浪漫的笑声中，外表的美丑根本无足轻重。

有的眼睛可以在坚强中寻求光明。周行涛医生曾经随访医治一位患 19 年角膜营养不良的老人，他用激光这把"无形的手术刀"，消融老人角膜上的浑浊，让老人视力从 0.05 恢复到 0.5 以上，重见光明。这是复杂疾病，手术后会复发，20 多年中，周行涛医生为她做了 4 次手术，屡败屡战，直到她去世。这是种遗传病，老人的部分子女与孙辈也患有这种疾病，这些年来，周行涛医生都在尽力让他们复明，并创造性地用近视激光手术患者的"弃透镜"为他们这类眼睛补厚角膜，让他们的光明视觉能够维持。

周行涛医生说："虽然素不相识，但作为医生，我爱护和帮助他们，尽了本分，我愿保持初心，秉承'医者父母心'，从内心尊重和守护每一位患者的健康，不分贵贱，不论他来自遥远的贫苦农村还是来自富贵的都市。"

"世界上飞得最快的医生"

周行涛医生身上有许多个"第一"：第一个开拓"优化表层切削，LASEK"技术，第一例全飞秒近视激光手术者，国内第一例高度近视眼内镜 V4c 植入手术者，国际第一本介绍 SMILE 的书《飞秒激光小切口透镜取出术 SMILE》的主编，国内第一本关于飞秒激光著作《飞秒激光、LASEK/Epi-LASIK 及 ICL 手术》的主编。当前，近视已逐渐成为全球化的健康问题，作为视光医生，探索和提供安全的矫正模式责无旁贷。周行涛医生一直在提高近视患者视觉质量方面开拓创新，其主要钻研方向为屈光矫正手术的安全性与有效性。2003 年开始建立儿童与青少年的屈光发育档案雏形，并提出在上海建立儿童和青少年屈光发育档案的必要性，成为研究儿童屈光的重要平台。周行涛团队在儿童近视防控方面取得多项国家级课题，率先在国内开展了 OK 镜与周边离焦的研究，多次在全世界规模最大的特殊角膜接触镜大会（NCC）上向世界展示了中国的努力与成果。

2005年开展高度近视屈光晶体手术。他在近视矫正领域的相关研究获得国家发明奖和科技进步奖等，通过10年来每年开展的国家级继续教育项目"近视眼防治和激光手术"让更多的屈光医生掌握新的技术。在他带领下，其视光团队也在近视手术方面取得世界领先地位。

随着国际影响力的增加，周行涛医生连续多年作为受邀嘉宾出席国际眼科会议并发言。在2011年维也纳ESCRS屈光晶体论坛中，周行涛团队获得"教育奖"，这是唯一获得该殊荣的中国团队。

此后，他继续钻研，形成手术共识并开展规范培训，带动全飞秒、优化表层切削与近视眼内镜技术在国内的开展，开创中国近视"全飞时代"。周行涛医生于2010年5月开展了我国第一例近视全飞秒手术FLEX，认识到角膜瓣的局限性，随即开始进行国内更微创的第一例全飞秒SMILE临床研究。截至2019年9月，周医生团队已施行全飞秒激光手术50500台，周医生个人手术量超20000台，个人及团队手术量稳居世界第一。2017年6月，周医生团队创单日手术量世界纪录（254眼/天），个人最快纪录一小时完成23眼，当之无愧地成为世界上"飞"得最快的医生。

总有近视患者问他为什么叫全飞秒，为什么近视SMILE全飞秒手术发展那么快？他解释道："飞秒是10—15秒，即10的负15次方秒，飞秒激光是具有无限潜力的超短波。……当年还没有专用边切软件支持，非常的压力之下，我小心谨慎，特别诚惶诚恐，第一年都没有做到百例。2011年8月Zeiss宣布在中国正式上市SMILE，2012年我院就举办了第一届专注于近视手术的'微笑论坛'。那时拥有全飞的单位很少，会做的医生也很少，我做Live surgery，不料因激光扫描等因素，我花了15分钟以上才完成手术，歉疚与伤痛，好长时间挥之不去。困难一点一点克服，我国近视全飞手术质与量齐升，国内全飞量去年（2017年）以来增加更为飞速，已近60万台，极大帮助到近视患者。"

周行涛医生认为我国近视手术蓬勃发展，特别是全飞手术的飞跃，与我国近视患病率高居世界第一有关，近视患者的需求是最大的驱动力。周行涛团队连续数年保持世界上全飞量最多的纪录，但是数量不是目标，没有最好，且任何手术均有不足。因此，围绕全飞手术的远期安全性及视觉质量，这些年来，周行涛团队继续开展研究，尽力做到更好。周行涛医生说："每一位患者的信任，是我全力以赴做好整治的原力，也让我更有责任感和爱护之心。面对任何一个新患者，面对一个已术患者，我仍有惶恐，害怕辜负患者信赖，害怕任何一个问题，不论来自术前还是术中，还是来自机器还是来自医生，不论来自患者特质还是来自术后，哪怕一丁点儿，也可能影响到患者，在一切以患者为中心的医疗中，当前更要坚持近视手术的全方位分析，精益求精。"

在亚太眼科会议、北美首届 SMILE 论坛、AAO、ESCRS 等国际会议上，周行涛阐述了 SMILE 的最新进展及创新技术，如 CCL 等，其大胆的创新、完美的操作，得到了各国屈光医生的高度赞扬，包括国际上最先报道 SMILE 技术的 Sekundo 教授，以及德国海德堡大学教授、著名屈光医生 Michael C. Knorz。在最新的 AAO 会议上，周行涛也是第一个在"SMILE Instruction Course"授课的亚洲医生，体现了中国屈光医生的卓越才华以及勤勉敬业。

孤独而渴望光明的眼睛需要"国际防盲英雄"

"我们是给人光明的，有光就有希望。医生有时不能改变什么，只是渡人渡己，彼此成就。"周行涛常将自己比作摆渡人，一步步跟随远方光明灯塔给予的引导，努力将其转换为延绵不断的温柔与和煦的力量，播散给需要的人们。周行涛将"助人"二字当作医学的核心价值，多年来一直热心致力于公益事业，孜孜不倦，不求回报。在他看来，公益不仅是一种情怀，更是一种力量与希望的延续，让黑暗中独自摸索前进而致满身疮痍的人，能捕捉到光明的方向。

国际奥比斯组织是一个致力于全球防盲救盲行动的非营利性国际人道组织，其宗旨是使全球失明者重见光明。周行涛自 2012 年以来承担着国际奥比斯(ORBIS)"眼见为实"项目，联合了 12 家医院，牵头公共知识讲座，为 320 所学校、11 个社区的 400 人传授防盲知识、视力检查与科学用眼方法，培训专业眼科医师与护士 200 多人，视力筛查 40 多万人，为 6000 多贫困学生提供配镜补助，为 700 多人提供手术补助，包括先天性白内障、斜视、肿瘤手术。周行涛的爱心与责任感也得到了社会的、学界的广泛认同，数年如一日倾情付出，使"眼见为实"项目成为都市中的扶贫新范式。周行涛荣获 2014 年"亚洲模范"，2016 年在国内被授予"全国近视防控社会公益人物"称号。

在国际上，周行涛以奥比斯中国唯一的眼科医生志愿者身份获得国际防盲协会 2016 英雄榜"Eye Health Hero"称号。国际奥比斯飞机眼科医院是全世界唯一一所飞机眼科医院，奥比斯是国际防盲协会 IAPB 的杰出合作者之一。国际防盲协会 IAPB 在全球拥有超过 100 个会员，包括非政府组织、专业团体、教育和研究机构、大型医院等。IAPB 已成立中国委员会。IAPB 的工作极具建设性,倡导消除白内障、沙眼、儿童盲、低视力与屈光不正等导致的可避免盲,被纳入世界卫生组织倡导的"视觉2020:看得见的权利"全球行动计划。四年一度的IAPB全球大会迄今已是第十届,是防盲治盲领域最高级别会议,世界各地防盲治盲领域领军人物出席,汇集全球防盲治盲工作的成就,也讨论当下所面临的挑战。本届大会为全球24名眼与视觉守护者颁发"Eye Health Hero"奖,即习惯称呼的"防盲英雄",旨在褒扬工作在全球防盲治盲第一线的眼科医生及管理工作者。

在跟随奥比斯医院义诊的过程中,周行涛医生感受到新的善美之光,感受到同舟共济、爱与光明的内在召唤。周医生发现数个先天性青光眼、Sturge-Weber综合征、双眼角膜白斑,以及左眼葡萄肿需要手术摘除并植入义眼的孩子,其中最大的16岁,最小才几个月大。一位大约6个月的宝宝,眼睛黯淡无光,无神地看着周行涛医生,右眼下睑挂着一颗晶莹的大泪珠。孩子是易流泪的,亮晶晶的眼泪,有时因为疼痛,有时无关疼痛,痛苦中的成年人即使熬得住身体的痛,也一样会有落泪的时候,有时因为伤心,有时无关伤心。孩子残留的眼里同样充满憧憬,如秋夜繁星一样清澈、明亮,洋溢着生命希望。强烈的爱心和医者的社会使命感促使周医生感到必须为这些残障的孩子做些什么。要跟着光,不在黑暗里走。在他的帮助下,福利院建起了小诊室,配备了裂隙灯显微镜和检影镜,并且配置了视觉训练设施。周医生同时带领团队建立了以视光学年轻医生和研究生为主体的福利院爱眼小组,每年多次进行义诊。发现并帮助这些隐藏在晦暗的角隅里需要帮助的人,是周行涛从医路上一直未曾忘却的使命。

周行涛认为,作为眼科医生,作为志愿者,在新的时代,创建新的防盲公益愿景、新的视觉保健模式、新的儿童眼健康筛查与防护路线图、高度近视的干预网络等目标的指引下,应该认识到,每一个人都可以伸出援手,每一个人都可以用自己的方式,从最小的一点一滴做起,为眼与视觉健康贡献力量,如一滴水一滴水汇入大海,一粒沙一粒沙终积聚成塔。

【社会评价】

周行涛教授多次获得国家、部及市级奖项:国家技术发明二等奖、国家科技进步二等奖、教育部一等奖两次、上海银蛇奖二等奖、上海科学技术进步发明二等奖、上海科技进步三等奖、上海市临床医疗成果奖、"教育部新世纪人才""上海领军人才"、复旦大学"世纪之星"、复旦大学首届"十大医务青年"、上海市卫生局

"优秀医苑新星"、上海科教党委系统创新青年等奖项荣誉、入选教育部新世纪人才基金、上海市优秀学术带头人计划等。2019 年 7 月，周行涛入选"中国好医生、中国好护士"月度人物。

≡ 学习指导

美国医生特鲁多有句名言：有时去治愈，常常去帮助，总是去安慰。周行涛医生说："每一个大夫都想做一个好大夫，付出不懈的努力去帮助人，对每一位素不相识的患者也毫不犹豫施予援手，这是一个大夫的本分。"周行涛以好大夫的标准付出不懈的努力去帮助人，即使对网络上素不相识的患者，也毫不犹豫地施予援手。

当患者被疾病击倒，被近视困扰，深切的需求是一致的，需要多方面关怀，需要得到善良的照护。从内心出发平等爱护每一个患者，让患者内心也得到安慰，是平安之路。由于诸多复杂因素，医生会遭遇一些治疗困境，甚至遭受暴力伤害，医患关系撕裂让医生越来越无力、无语。作为一名医生，面对疾患所做的太有限，尽量能做到的，也是从心里真诚地拥抱和宽慰患者，无论他和她是富贵还是贫贱，来自哪里，有怎样的病苦和伤痛。

当下，很多时候，与其说一个大夫拥有精妙医术，不如说一个大夫和他的团队拥有不一般的诊疗力量。现代医疗分工极其细致入微，与患者面对面的大夫可能只有一两个，背后支持协作的医生、护士、技术员、科研人员却是一大群，精湛的医术，来自科技转化的创新协力。诊疗的对象和疾病不一样，单兵作战的好大夫也比比皆是，手到病除，是每一个患者的期盼。

大夫也有无能为力的时候。事实上，大夫很多时候都无能为力，但好大夫必须拥有一种能力，面对任何患者都保持礼貌和耐心的能力，面对任何同道都保持谦虚和尊重的能力，对任何器官和组织的病变干预都保持敬畏和慎独的能力。

从古至今，大夫看病一直是凭良心而行，隔行很难真正评判大夫是好还是不够好。但内心勇于奉献，同行心悦诚服，患者有口皆碑，这个标准始终如一。在互联网时代，好大夫的标准并没有改变，改变的是诊疗过程中医患沟通、满意度评价的方式，也可以说，改变的是医患社交模式。作为一名医生，要无愧于好大夫的初心，与患者建立健康长远的关系。

二 **教学建议**

本案例适用于"思想道德与法律基础"课程中"坚定理想信念""职业道德"的辅助教学。案例展示周行涛医生投身医疗卫生行业中,为我国病理事业做出了巨大贡献。

教师在课堂讲解中,要有效组织学生研讨案例文本,围绕主题进行分析和思考。

周行涛作为中国好医生的一员,经常强调:"好大夫需要掌握扎实的医学知识,保持理论与实践的最及时最紧密的结合,好大夫'医者父母心'是面向疼痛者的仁慈爱心,不允许在诊疗的时候被金钱和权势左右,从内心尊重和爱护每一位患者,不分贵贱亲疏,不论他来自遥远贫苦的乡村,还是来自富贵的都市。好大夫来自临床实践的修行,所谓临床,就是天天在患者床边和身边,边治疗边观察,随时修正,确保每一片药,每一滴眼药水,都发挥最大成效,但凡面对患者,好大夫总会身心凄怆,对于那些重疾患者,不仅仅要诊疗其生理疾病,还要主动去为其拂去心里的病痛。"

教师可将重点放在周行涛医生坚守岗位、奉献社会上,强调周行涛医生不仅有精湛的医学技术,更重要的是有医者仁心。工作、生活中周行涛勤于思考,医术极其精湛,根据自己丰富的临床经验不断完善对病情的诊断。

第二,教师在结合案例内容讲解职业道德规范时,尤其应重点分析爱岗敬业、服务群众与奉献社会的内涵。爱岗敬业是从业人员对自己职业的态度,是内在的道德要求。从业者展现对自己职业的热爱会升华为一种崇高的归属感,对本职工作极端负责,有使命感。为人民服务是社会主义道德的核心,从业者立足于岗位,通过不同的形式服务群众。社会中的每一员都会是服务者也会成为被服务者,因此要建立良好和谐的社会。

11.郑秀丽

——"最美彩虹"

＝ 校本案例

【人物画像】

郑秀丽，宁波卫生职业技术学院1998届护理专业校友。浙江宁波镇海人，宁波市第七医院（宁波市镇海区人民医院）大内科护士长。从事临床护理工作23年，工作认真负责，视患者如亲人，受到患者以及同事们的一致好评。

【主要事迹】

郑秀丽从一名普通的护士做起，一步步成长为一位科室护士长、大内科护士长。

2015年7月的某个雨天，连着忙了好几天的郑秀丽，正开车带儿子回家时，突然发现路前躺着一名年轻女子，一辆电动车翻倒在旁边。郑秀丽没来得及多想，立刻下车查看情况。

"你好！你好！能听见我说话吗？"郑秀丽急促而又冷静地呼叫着伤者。作为一位专业临床护士，郑秀丽在对伤者进行几次短暂的呼喊之后，开始有序地拨打110、120。在确认女子脊柱没有受伤后，郑秀丽扶起她坐在地上，将她倚靠在自己那看起来并不宽厚的肩膀上，用纸巾温柔而又小心地擦拭她身上的血迹，寻找伤源。

在救护车到来前，行人质疑的声音随之而来："是你撞的吧？""对啊，是你撞的吧？不然哪有那么好心，下雨天停车来救人。"但有一位老婆婆颤颤巍巍地从人群中走出，举起伞为郑秀丽撑起："看这娃不像是会撞人的人，所谓相由心生，这娃啊,是个好人呐!"赞同的声音开始响起,更多人支持郑秀丽,甚至有老同学来为她说话。可她自始至终没有为自己做出一丝辩解,只是认真地照顾着伤者。

10分钟后,救护车赶到,郑秀丽则仍选择留在现场等待交警。交警马承银到后,对事故现场拍照取证,又仔细查看了郑秀丽的驾驶证、行驶证和身份证,查阅了行车记录仪,观察了监控。搞清真相的过程很是波折,但幸运的是,真相最终保护了郑秀丽的这份善良,肇事者终于被找到了。巧的是,那位受伤的年轻女子被送到郑秀丽所在的医院。郑秀丽专门去探望了她,患者及家属都十分感谢她,但面对患者家人的称赞和表扬,从医17年的郑秀丽变得害羞起来。郑秀丽觉得,尽管看起来是她帮助了别人,但在这个过程中,她收获了亲人、同事还有陌生人的信任和关心,这更让她感到温暖,也让她更加坚定。

也有人劝郑秀丽下次别给自己添麻烦了,但她说,如果伤者因为得不到及时的帮助,不幸去世,作为一名医务人员,她会感到良心不安。

真正善良的人不会因外界的误解与冷漠而停止行善。人有时会摔倒,但是女护士长用实际行动告诉大家,人心永不会倒。在生活中,我们会遇到很多有困难的人,他们需要一双手来给予他们帮助。有些人会坐视不理,有些人则会很热心地帮助他们。

"帮助别人等于帮助自己",这无疑是对"助人为乐"最好的诠释,更是对一个好人最好的宣传。而坚持自己的信念,与人为善,信任好人,既是自身的一种修养,更是社会不断进步的一种表现。我们作为新时代的青年,也要发扬这种精神。

面对患者,面对事业,郑秀丽之类的"白衣天使"们得失无悔,奉献更无悔。他们的付出,换来了一个个鲜活的生命,换来了千家笑语,万户欢声。他们的汗水与心血时刻与患者家属的悲喜融合在一起。"白衣天使"的桂冠不是轻易被承载的,而是用荆棘编就的,需要一代又一代像郑秀丽那般无私、奉献、敬业的医疗人员用心呵护,用心血和汗水灌溉。

郑秀丽的行为也体现出她牢牢记住了宁波卫生职业技术学院"仁爱、健康"的校训。她在嘈杂的环境中,能够保持冷静睿智的头脑,用专业的手法对患者实施急救措施,让患者能够获得更好的后期治疗,使其健康。郑秀丽能够毫不犹豫地冒雨救人,能够在流言蜚语中忠于自己的初心,坚定自己的责任,不慌乱,不斥责,不胆怯,不轻易放弃一个人的生命,坚持生命至上。

"不忘初心、方得始终。"何为初心?它是自我们明事之时,心中秉承的那颗当仁不让的承担责任之心,是那份最真诚质朴的乐于助人之愿。在纷扰变化的世界中，初心最真实，初发之心最珍贵。郑秀丽从未遗忘老师们的谆谆教诲，从未遗忘自己作为一名"白衣天使"的初心，她是一个善良的人、温暖的人。她有自己的原则，看到患者晕倒在马路上，她完全没有置身事外，而是不假思索地选择帮助伤者；她有自己的信仰，正如她所说的那样，她绝不会眼睁睁地看着患者躺在地上。她不浮夸轻薄，而是宠辱不惊，淡定安逸，这种职业精神与职业修养，是多么伟大！毫无疑问，她是我们的榜样，她是新时代、新青年的代表，她有宽广的胸怀、远大的目光。

【社会评价】

郑秀丽路遇伤者伸出援助之手，顶住舆论压力救人的事迹被广泛传播开来。宁波市镇海区招宝山街道后大街社区党委书记吴民丽曾说："其实好人就在我们身边，郑秀丽的举动是一种充满正能量的事迹，这值得我们每一个人去点赞、去学习、去传递。"

这次经历也让郑秀丽在儿子面前做了一次榜样，但事后她很少跟儿子提及此事。郑秀丽说："我不希望他认为我有多了不起，帮助他人实在是一件普通得不能再普通的事，但我希望他能从中懂得担当。"

☰ 学习指导

第一，"仁爱、健康"。仁爱，指宽仁慈爱，爱护、同情的感情。健康，是人的基本权利，是人生的第一财富，不仅指一个人身体没有疾病，而且指一个人生理上、心理上和社会上的完好心态，宁波卫生职业技术学院教师要牢固树立"人之子女，吾之子女；人之健康，吾之健康"的观点。郑秀丽的所作所为很好地彰显了她内心的仁爱，她把宁波卫生职业技术学院的校训牢记在心，并在生活中一直贯彻，她是宁波卫生职业技术学院精神的传承者，也是发扬者。

第二，对社会价值观的导向作用。提升自我的生命价值，在砥砺自我中走向成功。郑秀丽在雨夜救人的行为被人恶意揣摩、质疑时，她不为自己辩解，只是一心一意地照顾伤者。但是在等待取证结果的那 48 个小时里，就像她微信朋友圈写的那样："伤心、委屈、难过、郁闷、彷徨、无助，甚至打心底里害怕。"但是她并没有退缩，她说，如果伤者因为得不到及时的帮助，不幸去世，作为一名医护人员，她会感到良心不安。郑秀丽的行为是助人为乐的最好诠释，具有良好的价值导向作用。

第三,"大爱无疆,护佑人民的健康之路"。习近平总书记在全国卫生与健康大会上高度赞扬广大卫生与健康工作者"敬佑生命、救死扶伤、甘于奉献、大爱无疆"的崇高精神。而郑秀丽的行为很好地诠释了"大爱无疆"精神,她的爱没有界限,没有前提,她的行为让社会都感受到温暖。

学习思考题:

1. 在郑秀丽身上我们可以看到哪些优秀的品质?

2. 如果你是郑秀丽,在遇见那个倒在路上的年轻女子时你会怎么做?

3. 分析恶意揣摩说郑秀丽是肇事者的群众的心理,他们为什么会这么说?

二 教学建议

本案例主要介绍了郑秀丽雨夜救人的优秀事迹。主要适用"思想道德修养与法律基础"课程,可应用的教学章节较多。郑秀丽乐于助人、心怀仁爱的高尚情操,使她的人生有了更大的意义,并且她的行为让这个社会更加充满人情味。

第一,教师可通过情景剧再现的方式,让学生表演郑秀丽雨夜救人的故事,使学生身临其境,更加直观地感受社会中具有不同人生观的人所表现出的不一样的行为,让学生学会换位思考,在思辨的过程中做出正确的判断与选择。该案例可应用于《思想道德修养与法律基础》教材第一章关于人生观及辩证对待人生矛盾的相关知识教学。

第二,教师可以让学生实地采访郑秀丽或是请郑秀丽来校与学生进行一次思想交流,使学生以近距离的方式接触榜样,放大榜样的示范作用,传递正能量,培育学生的社会主义核心价值观,使学生崇德向善、知行合一。

第三,教师在向学生介绍案例的过程中,要结合我校学生的专业,让他们感受到自己所学知识的价值,激发他们的荣誉感和使命感,让学生在情感上产生共鸣,拉近学生个人与校友的距离,使学生朝着榜样的方向去努力。

12. 吕瑞花

——"最美天使"

＝ 校本案例

【人物画像】

吕瑞花是宁波卫生职业技术学院护理学院 2013 级护理 12 班的学生，甘肃人，曾在宁波市医疗中心李惠利医院实习。疾驰的列车上，一位乘客突然倒地，心搏骤停。吕瑞花同学没想到，这类似电影情节的事情就发生在自己身边，她没有犹豫，出手相救。列车上的乘客纷纷给这位宁波学生点赞！

吕瑞花的班主任张琪老师得知此事十分高兴。张老师告诉记者，小吕平时就乐于助人，热衷于志愿者服务，对老师、同学、家人常怀感恩之心。

【主要事迹】

2015 年 9 月 28 日下午，吕瑞花乘坐 K466 次列车回家。车过萧山不久，广播紧急响起："15 号车厢内有一位乘客突然倒地，请乘客中的医护人员前往抢救！"小吕来不及多想，一口气从 9 号车厢跑到了 15 号车厢。

"请让一下，请让一下！"围观的人群自动让出了一条通道。只见一名 20 多岁的女乘客口吐白沫，神志不清。小吕初步判断是癫痫发作。"谁有干净的毛巾？"小吕的镇定让大家看到了希望。随后，小吕将毛巾塞进患者嘴里，以防患者咬伤舌头。此时，列车正缓缓进入杭州站，小吕与其他乘客一起合力将该乘客抬下火车。

习惯性地，小吕用手摸了下病人颈动脉，顿时心一沉：怎么没脉搏了？胸廓起伏也没了！小吕知道，呼吸、心跳停止超过一分钟，若不及时施救，后果难以想象。"快,将病人平放在地上!"小吕要马上对病人进行心肺复苏。

一下,两下,三下……一个循环是三十个动作,可是,一个循环下来,病人毫无反应。继续!三十下,又三十下,小吕已累得气喘吁吁、汗流浃背。"活了,活了!"病人的头部忽然动了一下,眼睛也睁开了。可刚舒了口气,小吕发现病人的眼珠子又不动了。"糟糕!"小吕又重新投入抢救中。终于,病人流出了眼泪,脉搏又恢复了。小吕拉着病人的手,一边测脉搏,一边柔声安慰:"别怕,没事儿了……"病人的丈夫在一旁哭着向小吕道谢:"好人,谢谢你,好人,谢谢你……"

这时,急救车来了,病人被抬上担架。小吕摇摇晃晃地站起来,短时间内体力极度透支,险些摔倒,周围的人马上扶住她。

小吕回到座位上时,周围的乘客纷纷投来赞许的目光,鼓起了掌,竖起了大拇指。小吕说自己太开心了,居然救活了一条生命。"从来没有像现在这样觉得护理工作有这么伟大!"

【社会评价】

2015 年 9 月 29 日下午,人民网以《宁波女大学生成功抢救列车上一心脏骤停乘客》为题,率先报道宁波卫生职业技术学院吕瑞花同学火车上抢救乘客一事。9 月 30 日,中国网、中华网、中国新闻网、中国新闻社、环球网、香港文汇报网、联合早报网、新华报业网、科技时报网、中国财经报网、21CN 网、东方网、新民网、南海网、大众网、网易新闻、凤凰网、搜狐新闻、《浙江教育报》《宁波日报》、《宁波晚报》《东南商报》《现代金报》《钱江晚报》、中国江苏网、浙江在线、新浪浙江、宁波发布、甬派、中国宁波网、宁波教育等各级媒体为吕瑞花同学的行为点赞。

获得吕瑞花同学火车上抢救乘客消息的《甘肃日报》《平凉日报》等甘肃媒体表示"这是一条传递正能量的好新闻"。教育之江、宁波发布、甬派、宁波教育微博、微信等以"点赞宁波"等为话题介绍吕瑞花同学的事迹,受到社会广泛关注和点赞。

≡ 学习指导

大学生投身崇德向善的道德实践,就要向道德模范学习,培养志愿服务精神,大力弘扬时代新风,强化社会责任意识、规则意识、奉献意识。

第一,向道德模范学习。

道德模范主要是指思想和行为能够激励人们不断向善且为人们所崇敬、模仿的先进人物。道德模范既包括在一定社会道德实践中涌现的符合特定道德理想类型的人物,又包括人们日常生活中能够近距离感受的具有积极道德影响的人物。学习道德模范的高尚品格和先进事迹,有利于提升全体社会成员的道德素质和社会整体道德水平。大学生要向道德模范学习,崇德向善、见贤思齐,弘扬真善美,传播正能量。

改革开放以来,各个地区、各行各业都涌现出一大批具有先进事迹和高尚品格的道德模范,有助人为乐模范、见义勇为模范、诚实守信模范、敬业奉献模范、孝老爱亲模范等。他们有的用自己的平凡举动扶贫助困,让许多人感受到社会大家庭的温暖,用爱和付出奏响了社会和谐的主旋律;有的在死神和灾害面前大义凛然、知险而上,把平安和生的机会留给他人,用鲜血和生命将灾难和危机化解,展现出人民至上、他人至上的英雄壮举;有的把困苦留给自己,把幸福送给他人,无怨无悔,彰显了中华文明代代相传的高尚品格。榜样的力量是无穷的。道德模范用自己的行动诠释着道德的内涵,展示着道德的力量。

尊崇道德模范、学习道德模范,是时代的呼声、是群众的心声。道德模范是群众身边看得见、摸得着的榜样,是可以学、能够学的标杆。大学生学习道德模范,就是要学习道德模范助人为乐、关爱他人的高尚情怀,在关心他人、帮助他人的过程中创造人生价值。大学生要时时处处以道德模范为榜样,多做好事,多办实事,在公共场所、行路驾车、外出旅游等不同的场合做到崇德守礼、遵规守法,养成良好的道德习惯。

道德模范不仅做了普通人愿意做和能够做的事,更为可贵的是,他们主动做了许多人不想做的事,而且把大多数人能够做的事做得更好。他们都是从自我做起,从身边事做起,从小事做起,以此实现了由现实自我向理想自我的飞跃。在我们这个社会,我们这个时代,先进人物不断涌现,他们的业绩、精神和品质是我们取之不尽、用之不竭的力量源泉。大学生应积极从道德模范身上获取前进的动力,做社会良知的守望者、积极传播者和践行者。

在宁波卫生职业技术学院的办学过程中,出现了诸多助人为乐的道德模范,其中有老师的影响,更有学姐学长的示范。小吕同学就是深受身边这些道德模范的影响,常怀感恩之心、敬爱之情,身体力行向道德模范学习。

第二,参与志愿服务活动。

志愿服务是指志愿贡献个人的时间及精力,在不求任何物质报酬的情况下,为改善社会、促进社会进步而提供的服务。志愿服务的精神是奉献、友爱、互助、进步。其中,奉献精神是精髓。参与志愿服务活动,一方面,帮助了他人、服务了社会,推动了社会道德水平的提高;另一方面,也把为社会和他人的服务看作是自己应尽的义务和光荣的职责,从服务社会和帮助他人中获得成就感和幸福感。志愿服务所体现出来的这种自愿地、不计报酬地服务他人和参与社会公益事业的奉献精神,有助于传递社会关爱,弘扬社会正气,形成向上向善、诚信互助的良好社会风尚。大学生应积极参加志愿服务活动,在深入社会、体察民情、关爱他人、奉献社会的道德实践中感受善的力量,以实际行动书写新时代的雷锋故事,为实现中国梦有一分热发一分光。

在宁波卫生职业技术学院的办学过程中,组织志愿服务是学校一贯的优良传统,志愿服务不仅是学校服务社会的一个重要途径,也已经成为学生参与社会实践、成长成才的重要舞台,成为学生关爱他人、传播青春正能量的重要途径。学生积极投身志愿服务活动,可从三方面着手。一是走进基层。带头把志愿服务活动做进基层、做进社区、做进家庭,这都是大学生关爱社会、奉献爱心的重要表现。二是帮助弱势群体。大学生应在志愿服务活动中多关注空巢老人、留守儿童、困难职工、农民工及其子女、残疾人等社会弱势群体,注重向他们送温暖、献爱心。三是做力所能及的事。大学生投身志愿服务活动,应注重结合自身的能力、专业、特长,在实践中长知识、强本领、增才干,特别要积极参与教育、科技、文化、卫生等帮扶行动。

小吕同学在校学习期间,就参与了学校、学院组织的志愿服务队,每个周末都去医院或社区进行志愿服务,不仅用自己的专业知识和技能帮助了他人,也在帮助他人的同时提升了自己,用行动践行着学校"仁爱、健康"的校训和精神。

第三,引领社会风尚。

良好的社会风尚是人们在社会道德实践中逐渐形成的。大学生投身崇德向善的道德实践,要弘扬真善美、贬斥假恶丑,做社会主义道德的示范者和引领者,促成知荣辱、讲正气、做奉献、促和谐的社会风尚。

做奉献。奉献精神是社会责任感的集中表现。社会是由一个个的人所构成的集合体,脱离了人,便没有社会。社会需要人们对其负起责任。有责任,就意味着要奉献。奉献精神传递社会温暖,能够拉近人与人之间的距离,建立和谐的人际关系和稳定的社会秩序,促进社会健康有序地发展。热心公益与爱心资助、心中有爱是奉献精神,在危难关头挺身而出、牺牲小我是奉献精神,以职业与事业为人生目标的爱岗敬业是奉献精神,以服务国家科学技术创新进步或捍卫国家安全为己任是奉献精神。选择奉献也就选择了高尚。大学生要在奉献社会中积极发光发热，使我们的社会更加美好和幸福。

小吕同学在他人遇到困难的关键时刻能挺身而出、毫不迟疑地去救人，正是她强烈的社会责任感的体现，也是她乐于奉献的精神的集中表现。

学习思考题：

1. 如何评价吕瑞花列车救人的行为？

2. 你从吕瑞花身上学到了什么？

二 教学建议

本案例主要适用"思想道德修养与法律基础"课程，可应用的教学章节较多。在实际教学中，教师可以在第一章"人生的青春之问"和第五章"明大德守公德严私德"中选择使用。教师也可以尝试对本案例进行反复使用，在不同章节中采用不同的角度进行分析，使一个案例串联不同的知识点，加深学生对案例和课堂讨论分析的印象。

第一，本案例可用于第一章"人生的青春之问"——人生价值部分的辅助教学。

人生价值是指人的生命及其实践活动对社会和个人所具有的作用和意义。选择什么样的人生目的，走什么样的人生道路，如何处理生命历程中个人与社会、现实与理想、付出与收获、生与死等一系列人生中的重大问题，人们总是有所取舍、有所好恶，对于赞成什么、反对什么，认同什么、抵制什么，总会有一定的标准。这些都与人们对人生价值的看法密切相关。人生价值内在地包含了人生的自我价值和社会价值两个方面。人生的自我价值，是个体的人生活动对自己的生存和发展所具有的价值，主要表现为对自身物质和精神需要的满足程度。人生的社会价值，是个体的实践活动对社会、他人所具有的价值。人生的自我价值和社会价值，既相互区别，又密切联系、相互依存，共同构成人生价值的矛盾统一体。一方面，人生的自我价值是个体生存和发展的必要条件，人生的自我价值的实现是个体为社会创造更大价值的前提。个体的人生活动不仅具有满足自我需要的价值属性，还必然地包含着满足社会需要的价值属性。个体通过努力提高自我价值的过程，也是其创造社会价值的过程。另一方面，人生的社会价值是社会存在和发展的重要条件，人生的社会价值的实现是个体自我完善、全面发展的保障。没有社会价值，人生的自我价值就无法存在。人是社会的人，这不仅意味着个体物质和精神的需要必须在社会中才能得到满足,还意味着满足的方式和程度也是由社会决定的。

人生的意义,需要从人生价值的角度进行审视和评价。对人生价值及其相关问题的正确认识,是人们自觉朝着选定的目标努力,以全部的情感、意志、信念去创造有价值的人生的重要前提。

小吕同学的救人行为,体现了她的人生价值,不仅是自我价值,也是社会价值。一方面,小吕说自己太开心了,居然救活了一条生命。"从来没有像现在这样觉得护理工作有这么伟大!"她在救人的过程中感受到自我专业的满足感和成就感,这是自我价值的体现。另一方面,当小吕回到座位上时,周围的乘客纷纷投来赞许的目光,鼓起了掌,竖起了大拇指。社会对她的救人行为给予肯定和赞许,就是社会价值的体现。她的自我价值和社会价值统一于救人行为。

正确评价人生价值。

人的社会性决定了人生的社会价值。评价人生价值的根本尺度,是看一个人的实践活动是否符合社会发展的客观规律,是否促进了历史的进步。在今天,衡量人生价值的标准,最重要的就是看一个人是否用自己的劳动和聪明才智为国家和社会真诚奉献,为人民群众尽心尽力服务。

在此次的救人行为中,小吕同学做到了能力有大小与贡献须尽力的统一,坚持了物质贡献与精神贡献相统一,坚持了完善自身与贡献社会相统一。

坚持能力有大小与贡献须尽力相统一。每个人的职业不同、能力大小不同,对社会贡献的绝对量也不同,不能简单地认为能力大的人就实现了人生价值,能力小的人就没有实现人生价值。考察一个人的人生价值,要把个人对社会的贡献同他的能力以及与能力相对应的职责联系起来。任何人只要他在自己的岗位上尽职尽责,兢兢业业,就应该对他的人生价值给予积极肯定的评价。

坚持物质贡献与精神贡献相统一。人的生产劳动是物质生产劳动和精神生产劳动的统一及两种生产劳动成果的相互转化。社会的发展与进步是物质文明和精神文明的共同发展与进步。评价人生价值,既要看一个人对社会做出的物质贡献,也要看他对社会做出的精神贡献。

坚持完善自身与贡献社会相统一。人生的社会价值是实现人生自我价值的基础,评价人生价值的大小应主要看一个人对社会所做的贡献,但这并不意味着要否认人生的自我价值。人的自我完善和全面发展、人生自我价值的实现,是社会发展的根本目标;而人生自我价值的实现,有助于个体为社会创造更大的价值。

第二,本案例可用于第五章"明大德守公德严私德"部分的辅助教学。

（1）公共生活中的道德规范——助人为乐。

在公共生活中，每个人都会遇到困难和问题，总有需要他人帮助和关心的时候。把帮助他人视为自己应做之事，是每个社会成员应有的社会公德，是有爱心的表现。

"赠人玫瑰，手有余香。"大学生应当尽自己的努力帮助他人，积极参与公益事业，以力所能及的方式关心和关爱他人，并在对他人的关心和帮助中收获实现人生价值的快乐。

具有护理相关专业知识和技能的准护士在公共生活中不仅可以助人，还可以救人，甚至可以救命。小吕同学就是运用自己的专业知识和技能救治他人的范例。

（2）掌握道德修养的正确方法。

慎独自律。慎独自律的方法，即在无人知晓、没有外在监督的情况下，坚守自己的道德信念，自觉按道德要求行事，不因无人监督而恣意妄为。慎独自律的道德修养方法，既是对中国传统道德修养方法的批判性传承，又是现代社会仍需坚持的道德修养方法。品德高尚的人在没有人看见的地方也能谨慎做人处事，在没有人听见的地方也能有所戒惧和敬畏，严格要求自己。慎独就是一种关于个人善于独处、乐于隐处、慎于微处，于独处、隐处、微处中自觉坚守道德情操的修炼功夫。自律是慎独的一种自觉自为的修养境界。自，即自主、自觉；律，为衡量、约束。自律即是一种自我认识、自我约束、自觉控制的个人修养方法。

吕瑞花在无人知道她是一名准护士的情况下主动去救人就是慎独自律的体现。

知行合一。知行合一的方法，即把提高道德认识与躬行道德实践统一起来，以促进道德要求内化为个人的道德品质，外化为实际的道德行为。强调知行合一也是儒家修身思想的重要特征。在言与行的关系上，孔子明确主张"听其言而观其行"。他告诫学生，衡量人的品德不能只听其言论，更应看其实际行动。他认为学习的目的在于"行道""君子学以致其道""行义以达其道"。只有"行"才能使"道"变为现实。可见，道德修养并不是脱离实际的闭门思索，而是人们联系社会实践在道德上的自我反省和自我升华。

吕瑞花把课堂上和书本中的知识学以致用，用自己的行动践行来自课堂上和书本中的道德认知，把道德认知和道德实践相结合，把道德要求内化为个人的道德品质，外化为实际的道德行为。在她看来，助人为乐，不再是书本上的一句话，而是真真切切的行为表现。

13．王玲超

——"最美 90 后"上榜"中国好人榜"

= 校本案例

【人物画像】

1996 年出生的王玲超,个子不高,有一张肉嘟嘟的娃娃脸,平时总是扎着简单的马尾辫。王玲超从小就有一个护士梦,18 岁那年她如愿进入宁波卫生职业技术学院护理专业学习。她是班里的学霸,在学习上特别投入,是很爱笑且乐于助人的一位姑娘。

由共青团浙江省委、浙江日报报业集团主办的"发现最美 90 后,争做新时代弄潮儿"主题实践活动评选公布了 40 名 2018 年浙江省"最美 90 后"名单,年轻护士王玲超名列其中,她也是宁波卫生职业技术学院的优秀校友。

【主要事迹】

2017 年 9 月毕业后,王玲超进入医院工作。在护理部发起的岗位意愿调查中,她第一时间自愿申请去急诊科,站在了生死的最前端。她还是医院"1＋1"志愿者队伍成员,经常参与下乡义诊、健康宣教等志愿活动,积极报名承担了第二届 PINK RUN 粉色公益跑、2018 宁波山地马拉松赛等运动赛事的医疗保障服务。

2016 年,王玲超母亲生日当天上午,还在实习期的王玲超一交完班就准备赶回余姚给母亲一个惊喜。可当她准备乘车时,手机突然响了,是护士长的声音:"急诊室需要人手,速回!"王玲超以最快的速度返回医院急诊中心,冲进更衣室换衣服、戴口罩、清洁双手,迅速进入工作状态,对送来的伤员进行抢救等级评估。她一边询问情况一边查看伤势,耐心地安抚着伤员的情绪。当她把一位伤势较轻的阿姨安排到病房观察后,突然觉得眼前一黑,身上开始发虚汗,呼吸也变得急促。她这才想起自己交班后早饭、中饭都还没吃,体力透支,有些低血糖了。她扶着墙走到办公室,找到一杯糖水,咕咚咕咚灌了几口才缓过气来。抬头一看墙上的钟,已经是下午2点多了,肚子开始不争气地咕咕叫起来,"不行!现在还不能吃饭,病人还在等着我!"一转身,她又去帮助病人……下午5点,王玲超终于有空坐下来吃这一天的第一顿饭,但是胃好像已经失去了知觉一般,看着热腾腾的饭菜,没有一丝食欲,脑袋轰轰作响……但想到不少伤员在自己的帮助下减轻了痛苦,她觉得忙碌一天的疲惫、未能陪伴母亲的愧疚,都算不了什么。

"这次抢救让我再次深刻认识到作为一名医务工作者的重要使命,生命如此顽强又如此脆弱,而我们能做的就是去拯救生命,救死扶伤。"王玲超说。

救死扶伤的"白衣天使"

对于当初选择护理专业的原因,王玲超说,可能是因为喜欢或者源于信仰,觉得当护士是一个很"高大上"的职业,可以帮助别人。有些人会说护士是"白衣天使""提灯女神",听起来是很美好的字眼。学习护理这门专业之后,王玲超发现,护理不仅讲求技巧,操作性强,更重要的是,可以救死扶伤,帮到别人。

"实习前的最后一次旅行,给自己留下刻骨铭心的记忆,一晚上三次参与救人,真心祝福那两位乘客能恢复健康。"2016年5月9日,来自宁波卫生职业技术学院2014级护7班的王玲超同学在朋友圈写道。怎么回事?到底发生了什么事情?为什么会有3次救人?

大二结束后,就要毕业实习了。想到自己即将开始忙碌的工作,她和小伙伴就安排了实习前最后一次旅行。2016年5月7日,游玩3天后,他们结束了武汉之旅。当时,王玲超和小伙伴在武昌火车站等待着21点42分返程的C31次列车。没想到在这次返程中竟3次救人。第一次救人发生在火车站。夜晚的武昌火车站空空荡荡,突然间,火车站的广播里传出通知:"有人晕倒,请乘客中的医护人员前往抢救。"王玲超让同伴看管行李,然后赶紧冲向晕倒人员。王玲超看到,躺在地上的是一个50多岁的中年男子。她简单地询问了对方的一些基本情况后,知晓其有高血压病史,看到旁边还放着两个大的行李包。她初步诊断该名乘客是因为天气闷热、劳累而导致的低血糖。王玲超第一时间拨打了120,同时让火车站的工作人员赶紧去找一杯温盐水,再加一些糖,给该乘客服下。安排好这一切后,火车马上要开动了,火车站的工作人员催王玲超赶紧上火车,剩下的事情他们会做。王玲超看着意识逐渐恢复的乘客,再三叮嘱他一定要到医院检查一下,晚一天再出发。得知 120 急救车马上就到了,王玲超才稍微放心地上了火车。"我跑到检票口,发现快要停止检票了。"王玲超说,"我当时对同伴开玩笑说,我体育考试也没跑那么快。"等她急匆匆登上火车,车就开动了。

第二次救人:火车上再次有人晕倒,还是之前那个人,王玲超让病人喝下糖盐水,等他恢复体力才离开。上车后,王玲超和小伙伴聊了一会儿,就眯着眼睛休息了。大概凌晨 1 点,火车上喇叭响起:"有人晕倒,请乘客中的医护人员前往4 号车厢抢救。"此时坐在 1 号车厢的王玲超条件反射地从迷糊的睡梦中醒来,她赶紧跑向 4 号车厢。王玲超发现面前的乘客很熟,细看竟然是在候车室晕倒的那位,她不禁脱口而出:"原来是你呀! 你怎么在火车上,我不是让你到医院检查一下的吗?"此时乘客呻吟着说:"是我一定要上车的,现在感觉头比以前更加痛了,而且很晕,四肢也麻木,很难受。"王玲超了解到这位乘客买的是无座票,本身就高血压加低血糖,加上长时间蜷坐,可能会四肢麻木。王玲超建议在下一站下车到就近的医院就诊,但乘客不愿意。王玲超又提出,让乘客去她的座位上休息。乘客说不用了,主要是带着太多的行李。王玲超感觉到乘客心理恐惧,就安慰乘客:"没有关系,喝点糖盐水,慢慢地就会好一些。"在列车员的帮助下,王玲超给这名乘客换了个通风好的座位。渐渐地,乘客恢复了体力,精神也好了很多。王玲超这才放心回到自己的车厢。

第三次救人:一位女乘客突然腹痛不止,王玲超初步判断是肠梗阻,列车长听取她的意见后紧急停车就医。王玲超没有想到,后面还有一个病人等着她帮忙。大概是凌晨 2 点,"我也不知道自己有没有睡着,感觉迷迷糊糊中,有人叫我"。王玲超说列车长没有通过列车广播叫人,就直接过来找她。"列车长直接找到我。"王玲超说,"当时我要多自豪有多自豪。""有位女乘客肚子痛,麻烦你救救她!"列车长说一名女乘客在吃了一碗方便面后左下腹疼痛不止。"肠梗阻,必须马上去医院!"王玲超建议列车长紧急停车让病患就医。列车长听从了建议,紧急停在附近的车站。"那个车站,本来是不停靠的。"她说。在她提出建议 20分钟左右后,火车停下,小王和列车上的工作人员扶着乘客慢慢走下列车,送上120 急救车。王玲超长呼一口气,真是惊心动魄的一个晚上。王玲超坐在位置上后,久久不能入睡,她越发为自己的护理职责感到骄傲。

【社会评价】

王玲超在火车上路遇危难伸援手,一晚三度救人的事情很快被传开来,因为这件事,王玲超成为"网红",上了"中国好人榜",获评"见义勇为好人",成为宁波高校中首位获此殊荣的大学生。《现代金报》以《宁波"美小护"坐火车三次救乘客》为题报道后,被中国日报网、凤凰网、光明网、环球网等国家省市级媒体转载报道。中国之声以《医学院学生毕业旅行途中三次救人,留下刻骨铭心记忆》,中国蓝新闻以《宁波卫生职院美小护了不起,一列火车三次连救两乘客》、《浙江教育报》以《宁波卫生职院学生被点赞》、《宁波日报》以《宁波卫生职院一名"小护士"坐火车连救两乘客》、《呼和浩特晚报》以《"美小护"坐火车三次救乘客》为题在醒目位置大幅版面报道了王玲超救人事迹,百度百科为王玲超设置词条。《宁波日报》以《"美小护"的传承之美》为题配发评论。包括中央人民广播电台在内的40多家媒体纷纷报道王玲超勇于救人的事迹,赞其为"美小护"。网友称赞"美小护,不仅人长得美,更有一颗至美的心"。王玲超2016年6月入选"最美浙江人·浙江好人榜"候选人,10月获"慈溪好人"提名奖,12月入围2016年浙江教育年度新闻人物、2016年"最美宁波人"。

这位小护士感动了无数网友,她的事迹成为宁波各高校的美谈,身边的同事、家人朋友也渐渐知道了王玲超的感人事迹,面对记者的采访,同学、朋友的询问,王玲超只是腼腆地说:"我选择护理专业就是为了更好地帮助别人,希望更多人能因为我的帮助而痊愈、康复。还有班里的同学也给我点赞。其实,我真的觉得这没有什么,每个医护人员遇到这些情况,都会出手帮忙的。我也不会例外,因为我一直想当一个'美小护',我希望尽自己的能力,去帮助需要帮助的人。"

王玲超说,能用自己的知识去帮助他人,这是一种传递正能量的方式,为自己感到骄傲。在这次短暂的旅游之后,王玲超更加坚定了自己的梦想:传承南丁格尔精神,践行救死扶伤的神圣职责。如同她护士节那天宣誓的那样:"燃烧自己,照亮别人,誓志为护理事业奉献毕生的精力。"从宁波卫生职业技术学院毕业,正式成为一名"白衣天使"后,王玲超坚定地选择最辛苦的急诊室岗位。夜间、节假日,只要有突发情况,王玲超总是随叫随到。工作虽然辛苦,但每每看到病人转危为安,王玲超都会有满满的成就感。而她的专业能力也有口皆碑。王玲超的同事杨芳说,她对突发事件的处理比较冷静、干脆,比如病人在没有家属的陪同下,她能给他们倒水。虽然工作比较忙,但是她能顾及病人的感受。面对同事的肯定、患者的赞誉，以及"最美90后"的荣誉，王玲超觉得，这是一种激励，鼓励她在未来的道路上，不断充实自己，快速成长。

= 学习指导

第一，理想信念是精神之"钙"。它昭示着奋斗目标，提供了前进的动力，提高了精神境界。只有树立崇高的理想信念，才能激发起为民族复兴和人民幸福发愤学习的强烈责任感和使命感。王玲超少时便树立起从医、救死扶伤的志向，一路向着自己的目标前进，考进宁波卫生职业技术学院，努力学习，转入护理专业，向着"提灯女神"不断前进。正是因为理想信念的力量，王玲超才会向着目标靠拢，才会在未来的生活和工作中不断地激励自己，朝着更高的目标奋进。人的理想信念反映的是对社会和人自身发展的期望，因此，有什么样的理想信念就意味着以什么样的期待和方式改造自然和社会，塑造和成就自我。只有树立起崇高的理想信念，才能够解答好人生的意义、奋斗的价值以及做什么样的人等重要的人生课题。

第二，艰苦奋斗是实现理想的重要条件。习近平曾指出："人类的美好理想，都不可能唾手可得，都离不开筚路蓝缕、手胼足胝的艰苦奋斗。"为了实现既定的理想，不怕吃大苦、耐大劳。王玲超为了当好一名护士，在校努力学习，工作后坚持选择最辛苦最劳累的岗位，不断锻炼自己，提升自己，在忙碌的工作中不断磨砺自己，同时坚持护士的细心、耐心和爱心。虽然工作又苦又累，但她完成后都会为自己的一点小进步而感到值得。她把敢于吃苦、勇于奋斗的精神扎实地落在日常生活、学习和工作中，终有一天会实现自己的梦想。

第三，自觉践行社会公德，助人为乐。在公共生活中，每个人都会遇到困难和问题，总有需要他人帮助和关心的时候，把帮助他人视为自己应做的事，是每个社会成员应有的社会公德，是有爱心的表现。赠人玫瑰，手有余香。王玲超的事迹是当代大学生学习的楷模，她救人之后深深感受到自己职业的重要性，感受到"救死扶伤"四个字沉甸甸的重量，感受到帮助他人之后，自己为社会和他人贡献绵薄之力后的快乐和成就感。大学生应尽自己的努力帮助他人，以力所能及的方式关心和关爱他人，并在他人的关心和帮助中收获实现人生价值的快乐。

第四，讲奉献，引领社会风尚，践行知行合一。奉献精神是社会责任感的几种表现之一。王玲超虽是一名普通的大学生，一名未来的医护人员，却有着很强大的奉献精神。帮助他人于危难，牺牲了自己的利益。热心公益与爱心资助、心中有爱是奉献精神，在危难关头挺身而出、牺牲小我是奉献精神，以职业和事业为人生目标的爱岗敬业是奉献精神。"德厚者流光"，大学生要在奉献社会中积极发光发热，使我们的社会更加美好和幸福，知行合一，为人民美好生活的实现贡献自己的一份微力。

学习思考题：

1.从王玲超身上我们可以看到哪些优秀的品质？

2.结合王玲超的事迹，谈谈如何为中国梦的实现贡献自己的微力，如何实现自己的理想。

3.分析社会公德的重要性。

4.结合所学专业，谈谈如何践行知行合一。

二 教学建议

本案例主要介绍了宁波"90后""美小护"王玲超一晚3次救人的正能量故事。当时的她，只是一名普通的大二学生，一时的善举，救助了2个人，行动的背后是她对于专业知识的熟悉和职业理想的崇高信仰。王玲超始终将"救死扶伤"视为医护人员的天职，将成为一名"提灯女神"视为自己的理想，并且不断在实践中努力提高自身业务水平。现在的她，走上工作岗位，坚定地选择最辛苦的急诊室工作，尽职尽责，细心负责，是当代大学生，尤其是护理相关专业的学生学习之典范。

第一，本案例主要适用"思想道德修养与法律基础"课程，可应用的教学章节较多。在实际教学中，教师可以在第二章"坚定理想信念"和第五章"明大德守公德严私德"中择一重点使用。教师也可以尝试对本案例进行反复使用，在不同章节中采用不同的角度分析讨论，使一个案例串联不同的知识点，加深学生对案例和课堂讨论分析的印象。例如可以用王玲超从小立志读医学到大二转专业读护理，心里牢记"救死扶伤"的重大意义，在第一时间冲出去救人的经历诠释"理想信念是精神之'钙'""奋斗才能实现理想"；用王玲超一晚3次救人，路遇有难，挺身而出、助人为乐的事迹讲解"社会公德""向上向善、知行合一"。

第二，由于王玲超是护理专业学生，本案例在应用的专业上相对适合护理学院相关专业的学生。对于非医学专业学生，本案例虽然也起到鼓励助人为乐、不图回报的精神的作用，但由于与学生学习生活、未来职业生涯并没有直接关联性,这种感触通常是暂时的、肤浅的,在实际生活中能被联想并运用的较少。而护理专业大多数学生在平时生活中或未来的工作道路中遇到相同事情的概率较大,更容易联系自身,感触也更大。

第三,王玲超是标准的"95后",与在校学生年龄差距不大。教师在案例运用时需注意使用一定的技巧,尽量不要开门见山直接道出人物姓名,可以用王玲超的事迹还原情境,并与学生互动,层层提问学生在同样的情境之下会做出怎样的选择,再介绍人物,这样效果会更好。因为王玲超是我校校友且在宁波工作,可联系她本人、拍摄视频或者现场连线与学生面对面交流,近距离感受榜样的力量,印象会更加深刻,对学生内心的冲击也更大。

14. 言侃侃

——被央视点赞的"95后"

＝ 校本案例

【人物画像】

言侃侃，宁波卫生职业技术学院护理学院 2015 级助产 4 班的学生，2018 年参加工作，现为萧山区医疗急救指挥中心调度员。2019 年 1 月 25 日凌晨 2 点 51 分，正在值班的言侃侃在接到急救电话称产妇流血即将生产的情况下，用远程电话指导准爸爸仅用 10 分钟的时间顺利帮产妇接生。《人民日报》点名表扬言侃侃"有条不紊，非常专业"。

2019 年 4 月 4 日，中央电视台新闻频道报道了萧山区医疗急救指挥中心的院前急救指挥调度工作，宁波卫生职业技术学院校友言侃侃因电话指导，成功帮助二胎妈妈接生而被中央媒体点名表扬。

【主要事迹】

2019 年 1 月 25 日凌晨 2 时 51 分，杭州萧山区 120 急救指挥中心接到一名男子的求救电话。"我老婆二胎怀孕 34 周，现在已经在流血了，感觉快要生了！"

接电话的是指挥中心 23 岁的调度员言侃侃。她一边迅速调度救护车前往，一边通过电话一步步指导男子。

12 分钟后，救护车到达。此时，男子已经在言侃侃的帮助下，顺利接生了自己的二胎女儿。

"当时听到是二胎妈妈即将分娩，而且已经出现腹部坠痛，我就预感到产程会比较快，情况很紧急。"言侃侃接到男子急救电话后，先问清楚地址、联系方式、产妇情况,再派出就近救护车前往。

"我将仔细告诉你接下来该怎么做:不要阻止胎儿娩出,让产妇不要夹紧双腿,不要坐在马桶上,选择一个最舒服的姿势休息,在宫缩间隙深呼吸。"在救护车赶往现场途中,言侃侃没有挂掉电话,而是根据电话急救预案指导男子。

听到言侃侃平缓、镇定的语气,一开始非常紧张慌乱的男子也略微平静下来,跟着重复着"嗯,好的,不要坐马桶上,嗯,深呼吸"。

接着,言侃侃又告诉他:"准备好干毛巾,还有一块毯子用来包裹婴儿,准备一根带子或鞋带做脐带结扎。"

就在这时,男子突然喊道:"头已经出来了!"言侃侃迅速反应:"用手扶住孩子的头和肩膀,让他慢慢从产道出来。婴儿刚出生会很滑,要牢牢扶住头部。"

没多久,电话里传来一阵婴儿哭声。"轻轻用干毛巾擦他的嘴和鼻子,清理呼吸道,用毯子包裹婴儿,做好保暖。"言侃侃继续指导男子。

这时,120救护车和急救医生到达现场,言侃侃这才挂掉电话。之后,产妇和初生女婴被送往医院,情况稳定。

此次"远程接生"是言侃侃上岗后第一次遇到的紧急情况。面对慌乱的求助者,要做到临危不乱,除了从容冷静的心态外,更需要扎实的理论知识与实践经验。而言侃侃恰好又是助产专业毕业生,而且120调度员上岗前已经过医疗优先分级调度系统(MPDS)培训,具备熟练地向病人提供专业医学急救指导的能力,能为患者在救护车到达前争取抢救时间,这让她更有信心帮助指导准爸爸接生。

【社会评价】

2019年4月4日,央视电视台新闻频道对萧山区医疗急救指挥中心的院前急救指挥调度工作做了报道,因为电话指导成功接生而被中央媒体点名表扬的言侃侃出镜。4月6日,央视网又以《惊心十分钟!"95后"姑娘电话"远程接生"》为题,对此事进行报道。4月8日开始,宁波卫生职业技术学院相继推出新闻《被央视点赞!宁波一高校走出一位"远程接生"的"95后"姑娘》、评论《"95后"姑娘缘何赢得很多网友点赞》,引起社会广泛关注。

4月9日,《宁波晚报》A4版以《"95后"姑娘电话"远程接生"被央视点赞!她毕业于宁波的高校》为题,用大半个版面进行报道。浙江新闻客户端、新蓝网、甬派客户端、中国宁波网、宁波广电App宁聚、鄞响客户端等媒体相继以《央视点赞！宁波高校走出的"95后"姑娘"远程接生"》《被央视点赞！这位"远程接生"的"95后"姑娘，毕业于宁波这所学校》等为题进行报道。宁波教育官方微信头条以《央视点赞！宁波卫生职业技术学院走出的"95后"姑娘"远程接生"》推出新闻，阅读量超1.5万人次。

4月10日，《宁波日报》时评版推出《"95后"姑娘缘何赢得很多网友点赞》评论，《现代金报》金评天下版推出《"95后"宁波学生缘何赢得全国网友点赞？》评论。随后，人民网、中国新闻网、网易、南宁日报网等媒体转发评论。

"卫院好学子""为大宁卫校友感到自豪""向优秀的学姐学习""因为传承'仁爱、健康'校训，更因为学生良好的职业素养和扎实的专业技能"……为言侃侃点赞，为学校培养学生过硬的职业素养和扎实的专业技能叫好的话语一时间刷爆言侃侃母校师生的新媒体社交平台。

≡ 学习指导

初出茅庐的"95后"姑娘言侃侃赢得全国网友点赞的原因有3点：过硬的专业技能、良好的职业素养、高尚的医德品质。

言侃侃的事迹经媒体宣传报道后，受到广泛好评。媒体认为，宁波卫生职业技术学院在培养学生专业技能、职业素养、医德品质方面很有成效。网民"传说"表示，医护人员不只是技术层面上的输出，还要有高尚的职业道德。从这个突发事件可以看出言侃侃具有良好的职业道德，她一边安慰，一边耐心指导着分娩过程，让产妇夫妇感受到一股无形的力量推着他们往前走。

助产专业旨在培养德、智、体、美全面发展，具有良好职业道德和人文素养，掌握母婴保健基础知识，具备保障母婴安全和促进优生优育的能力，从事临床助产和母婴保健护理工作的高素质技术技能型助产专业人才。

专业技能方面：言侃侃通过在校2年的学习和在医院1年的实习，已经熟练掌握了母婴保健的相关知识和技能，具备保障母婴安全和促进优生优育的能力，扎实的理论知识与实践经验让她即使没有在现场，也能够通过电话远程指导接生，这是学校注重培养"强技能"专业人才的结果。

职业素养方面：职业素养包涵了良好的职业道德，正面积极的职业心态和正确的职业价值观意识，是一个成功职业人必须具备的核心素养，是由爱岗、敬业、忠诚、奉献、正面、乐观、用心、开放、合作、始终如一等关键词组成的。言侃侃在学习过程中逐步形成的正面乐观、积极进取的心态及良好的人际沟通等职业素养,使她在遇到紧急情况时仍然可以保持临危不惧、从容冷静的心态,并把自己的关爱传递给产妇和她的丈夫,使他们充满安全感和信心。这是学校注重培养"高素质"人才的结果。

医德品质方面:医德品质是调整医务人员与病人、医务人员之间以及医务人员与社会关系的行为准则。医德品质主要包括仁慈、诚挚、严谨、公正和节操5个方面的内容。仁慈,就是仁爱慈善,具体来说就是医务人员具有人道精神的品德。医务人员是仁慈的化身,仁慈是医务人员的人格特征,仁慈最能体现医学人道主义思想和道德要求,仁慈是长期遵守"医学人道"道德要求所形成的医德品质。作为调度员的言侃侃在接到急救电话的时候,并没有仅仅调度救护车前往就挂了电话,而是在救护车到达之前远程电话指导准爸爸帮产妇接生,这完全体现了她仁慈的精神,这和宁波卫生职业技术学院"仁爱"的校训是完全相符的,这也是学校注重培养"重人文"人才的结果。

三 教学建议

本案例主要适用"思想道德修养与法律基础"课程。在实际教学中,教师可以在第五章"明大德守公德严私德"中选择使用,本案例主要适用于第三节中"职业道德"部分的辅助教学。

第一,职业生活中的道德规范——服务群众、奉献社会。

为人民服务是社会主义道德的核心,各行各业的从业人员都要以服务群众为目标。在社会主义社会,每个人不论从事什么工作、能力如何,都应该在本职岗位上通过不同形式为群众服务。如果每一个从业人员都能自觉遵循服务群众的要求,社会就会形成人人都是服务者,人人又都是服务对象的良好秩序与和谐状态。

奉献社会就是要求从业人员在自己的工作岗位上兢兢业业地为社会和他人做贡献,这是社会主义职业道德中最高层次的要求,体现了社会主义职业道德的最高目标指向。爱岗敬业、诚实守信、办事公道、服务群众,都体现了奉献社会的精神。

第二,自觉遵守职业道德。

职业生活是否顺利、是否成功,不仅取决于个人的专业知识和技能,而且取决于个人的职业道德素质。人们在职业活动中的道德状况如何,直接关系着各行各业乃至整个社会的道德状况。大学生是青年人中的佼佼者,要深刻认识提高职业道德素质的重要性，注重这方面的修养和锻炼。

学习职业道德规范。通过学习职业道德规范，明确职业活动的基本规范和目的，从而提高自己的职业认知能力、判断能力，树立正确的价值理念，对青年人来说尤为重要。大学是为择业、就业、创业准备知识、品德、能力的阶段。大学生应学习的职业道德知识是多方面的，既包括一般的职业道德知识，也包括特定行业的职业道德知识。大学生应当将职业道德修养纳入学习成才的规划中，有计划、有目的地学习，为今后走上工作岗位打下良好的基础。

提高职业道德意识。大学生要提高自己的职业道德素质，应当将其内化为自身的素质，提高到自觉意识的层面。虽然大学生尚未正式进入职业领域，但是仍然可以在学习生活中找到提高职业道德意识的路径。大学生应当以职业道德模范为榜样，培养积极进取、甘于奉献、服务社会的良好职业道德意识，为未来的职业生活做准备。

提高践行职业道德的能力。大学不是与社会隔绝的象牙塔，而是通过多种渠道与社会紧密联系。在大学学习虽然不是一种职业，但是也可以通过勤工助学、兼职、实习等途径体验职业生活。许多大学生志愿者走进西部、走进社区、走进农村，用知识和爱心为需要帮助的困难群众热情服务。他们在服务他人、奉献社会中收获了成长和进步，也为将来顺利走向工作岗位积累了实践经验。大学生应当积极利用各种机会开展社会实践，多参与社会志愿服务活动，使自己学到的知识在服务社会的过程中得到运用和升华。

甘于奉献篇

15.马决觉

——宁波儿科门诊创办人

═ 校本案例

【人物画像】

马决觉,宁波卫生职业技术学院1943级护理专业优秀校友。1952年在宁波第一医院工作,在第一医院设立了小儿科。她是宁波小儿科科室的创始人,担任主任一职。马决觉说:"看到小朋友被病情折磨,总是很心疼。治好病人,是我最为开心的事。"

【主要事迹】

回忆在校读书:严进严出

宁波卫生职业技术学院的历史最早要追溯到1925年,那一年,宁波私立华美高级护士职业学校成立,宁波开始正式培养专业护士。

"我们班一共有16名同学,大家都很认真,老师们也特别用心。"马决觉回忆,"那个时候叫严进严出。"学校的学风很严格,管理也很正规。马决觉举了个例子:学校由美国传教士创办,管理方法受他们影响,学生课外活动不是特别丰富,大多是一些做礼拜的活动。学生不能参加学校以外的任何社会活动,也不得在外住宿,包括周末。老师的点名制度也很严格,晚上7点,学生都要准时回来签到上晚自习,即使在春节当天也不例外。

马决觉说,前半年没有接触到核心课程,学校从仪表到礼仪上要求严格。比如说,不准留长发,要剪齐耳短发,不准佩戴耳环、项链等首饰,规定白色袜子必须配白鞋,黑色袜子配黑色鞋子,等等。

印象深刻:加冕和脱帽

宁波私立华美高级护士职业学校每年都有一个重要典礼,就是加冕。学生在入校 6 个月后,相关课程学习和实习成绩都及格才可以参加典礼。通过隆重的加冠典礼,学生感受到"冠"(即护士工作)的神圣和崇高。

如果在实习中做错了事情,最大的处罚就是"脱帽"半个月乃至一个月(称"罚帽子")。只要看到你没有带护士帽,医生和病人都知道你犯错误了,这是最为严厉的处罚,所有的人在这样的制度下,都极其认真和谨慎。

在马决觉的记忆中,有一个学生在加冕后,看到医院花园的花漂亮,就采了一朵,花匠碰巧看到,就上报给了当时的总督,该名学生受到了脱帽的处罚。自此之后,同学们都引以为戒。

创办宁波首个儿科门诊

1951 年,因为各方面表现优异,马决觉成为派到上海第一医学院实习的第一个宁波学生,实习期一年。马决觉万分感激地说:"我真的是最幸福、最幸运的人,人民政府和学校给予我莫大的信任和支持,送我到上海去进修一年,在那里,又让我学习到更多先进的护理知识,我们班里当时都是从全国各地来的学生,知识水平也是差别很大,当时的老师特别认真,根据学生不同的水平进行层次教学。"

一年的学习时光很快就过去了。1952 年,马决觉从上海第一医学院毕业后就被分配到宁波第一医院上班。在这里度过了她近 40 年的医学生涯。

在宁波第一医院,马决觉带头设立了小儿科,这在当时宁波所有的医院中也是设立小儿科科室的第一个。她是宁波小儿科科室的创始人。一个新兴科室的创办总是会遇到或多或少的困难和挫折,马决觉说:"困难总是有的,但是那时候大家也都不怕吃苦,小儿科开设之后也就我一个人,从看病诊断到动手治疗都是我一个人在做。"

马决觉一直在宁波第一医院小儿科担任主任一职,在小儿的一些病情方面稍有研究。马决觉说:"我对小朋友总是有特别的感情,看到他们被病情折磨,我总是感觉到很心疼。所以说治好病人的病是让我最为开心的事情。"

当时医院有一名医生到外地学习,带回"头皮针"的治疗法,很多护士都不敢使用,马决觉敢于尝试,特别是医治小儿科的病人,都是马决觉亲自上手的。她也是当时在医院里面使用"头皮针"治疗法最多的医生。

希望学弟学妹都成为"白衣天使"

在宁波卫生职业技术学院建校 90 周年时,马决觉老人说,自己也 92 岁了,差不多和母校同岁,看到母校培养的学生遍及祖国各地,她很开心。

面对几乎是重孙辈的学弟学妹,马决觉老人深思了片刻,伸出手指说:"我只想说四个字——'白衣天使',我希望学习护理的学生可以真正地做一名'白衣天使'。"老人说,有时候看报纸、电视,时而会出现护士调换小孩、虐待小孩、不真心对待病人的事情,就感到特别心寒。护士是一个充满爱与责任的职业,希望母校培养出更多心怀仁爱的"白衣天使"。

马决觉老人的房间里到处都是五颜六色的花,老人说:"我很喜欢花,就像热爱生命一样。只有给予生命最高的敬畏才能给予别人最好的关怀。"

= 学习指导

第一,树立正确的人生观。习近平总书记强调:"要树立正确的世界观、人生观、价值观,掌握了这把总钥匙,再来看看社会万象、人生历程,一切是非、正误、主次,一切真假、善恶、美丑,自然就洞若观火、清澈明了,自然就能作出正确判断、作出正确选择。"马决觉年轻时在宁波私立华美高级护士职业学校接受了严格的教育,这对她今后人生观的养成起着至关重要的作用。实习中做错了事情,就要接受"脱帽"的处罚,这样的制度督促人养成认真和谨慎的好习惯。当前,面对世界的深刻复杂变化,面对信息时代各种思潮的相互激荡,面对学业、情感、职业选择等多方面的考量,大学生要树立正确的人生观,遵守学校的政策和法规,积极学习专业课知识,在马克思主义科学理论的指导下,确立科学高尚的人生追求。"服务人民,奉献社会"的思想永远不会过时。战争年代,投身于革命事业是科学高尚的人生追求。当今社会,把自己对职业和人生的追求与国家的发展和社会的进步相结合,也是服务他人、奉献社会的表现。一个人只有树立了正确的人生观,确立了科学高尚的人生追求,才能懂得人生的价值首先在于奉献,才能自觉用真善美来塑造自己,不断培养高洁的操行和淳朴的情感。

第二,理想信念是精神之"钙",它昭示着奋斗目标,提供了前进的动力,提高了精神境界。人既需要物质资料来满足生存需要,也需要理想信念来充实精神生活,坚定正确的理想信念,能激励人们为一定的社会理想和生活目标不断努力追求。马决觉老人说："看到小朋友被病情折磨，总是很心疼。治好病人，是我最为开心的事。"她把救死扶伤当作自己的理想信念，因此，马决觉老人觉得治好病人是她最开心的事。人生是一个漫长的过程，也是一个在实践中奋斗的过程，要使生命过得有意义，必须树立科学的理想信念。人的理想信念反映的是对社会和人自身发展的期望，因此，只有树立起崇高的理想信念，才能解答好人生的意义、奋斗的价值，以及做什么样的人等重要的人生课题。求学时期树立的理想信念，将对今后的人生之路产生重大影响，甚至会影响一生。理想信念的确立能填补一个人精神世界的空虚，引导人们不断追求更高的人生目标，并在追求和实现理想目标的过程中提升精神境界。

第三，遵守职业道德规范。职业道德是指从事一定职业的人在职业生活中应当遵循的具有职业特征的道德要求和行为准则。爱岗敬业、诚实守信、办事公道、服务群众和奉献社会是职业生活中的基本道德规范。马决觉老人看到当前社会存在的虐待儿童等现象感到痛心疾首，希望自己的学弟学妹们能成为真正的"白衣天使"。医疗卫生事业是个良心活，病人因为信任，把自己的生死交付到医生手中，为了这份信任，医疗行业从业者也应当遵守职业道德规范：对工作负责、恪尽职守，干一行爱一行；诚实守信，真实无欺，重诺言，讲信誉；办事公道，不损公肥私；以服务群众为目标；奉献社会。只有形成了良好的职业道德，才能尽可能避免医患纠纷，形成和谐有序的社会氛围。

学习思考题：

1. 在马决觉身上我们可以看到哪些优秀的品质？

2. 你认为"为人民服务"有没有过时？

3. 结合自己的专业，谈谈自己的职业规划。

二 教学建议

本案例介绍了宁波卫生职业技术学院优秀校友马决觉，她于20世纪50年代就在宁波第一医院工作，设立了小儿科，是宁波市小儿科科室的创始人。通过对马决觉老人的采访，我们了解到她在求学期间就受到了学校严格的教育，对待学习和职业的严谨态度一直伴随着她，并投射到她做人做事的细节当中。万事开头难，宁波第一医院的小儿科科室成立之后，马决觉独自一人扛起了看病诊断和动手治疗等工作，克服了一个又一个的困难和挫折。马决觉说她对小孩子有种特别的感情,正是对小孩子的这份爱,支持她不断前行。

第一,本案例适用于"思想道德修养和法律基础"课程,可应用的教学章节较多。在第一章"人生的青春之问"中,可将马决觉当作学生学习的榜样,宁波卫生职业技术学院的学生以后绝大多数将从事医疗卫生工作,马决觉的案例正是教育医务人员的典范。每一位从医人员都应当树立正确的人生观,明确人生目的、端正人生态度,在医疗事业中实现自己的人生价值。一个人确立了服务人民、奉献社会的人生追求,才能清楚地把握人的生命历程和奋斗目标。马决觉说治好病人的病是让她最开心的事,她在服务他人的过程中实现了自己的人生价值。在第二章"坚定理想信念"中,讲到"理想信念是精神之'钙'"这一知识点时,也可引入马决觉的案例。马决觉老人把救死扶伤当作自己的理想信念,因此,宁波第一医院小儿科开设之后,她一个人撑起了一个科室,克服了艰难险阻。理想信念昭示奋斗目标,一旦确立就可以使人明确方向、振奋精神,即使前进的道路曲折,也能看到未来的希望和曙光。理想信念提供前进动力,一个人有了崇高坚定的理想信念,才会以惊人的毅力和不懈的努力成就事业。在第五章讲到"职业道德"时,可引用马决觉对学弟学妹们的忠告:护士是一个充满爱与责任的职业,希望母校培养出更多心怀仁爱的"白衣天使"。马决觉一生恪守职业道德,把治病救人、救死扶伤当作自己的使命,一心一意为患者考虑,因此,受到了社会各界人士的爱戴与尊敬。职业道德不仅对各行各业的从业者具有引导和约束作用,也是促进社会持续健康、有序发展的必要条件。

第二,在讲解本案例时,教师可创新活动形式,布置实践任务。由于马决觉老人年纪比较大,当前距她创立宁波小儿科已有一定的年限,因此可参考的资料并不是很丰富。教师可以通过开展社会实践活动,派出学生代表采访马决觉,事后,将采访的一手资料收集整理,通过视频或音频的播放,让更多的学生了解马决觉老人的一生,了解她在医疗事业中光辉灿烂的历程。马决觉是宁波卫生职业技术学院的著名校友,通过这种活动方式,可让本校学生有更真切的感受,不同于浅层次地了解,能使学生从内心对学校产生认同感,并激发自豪感。

第三,教师可结合此案例设计讨论等课堂环节。结合课本所学知识和马决觉的人生历程,举行小组讨论。可设置相关性问题,如:分阶段性谈谈自己的理想信念,自己期待的职业是什么,打算如何实现,等等。通过学生的回答,教师可了解当前阶段大学生的心理特征。教师再结合课标要求,对学生给予引导,从而让学生深入领悟本节课要学的知识。同时，该年龄阶段的学生思想还不够成熟，世界观、人生观和价值观正处于构建阶段，多引用身边的真实案例在课堂讨论，并激发学生广泛参与，有助于培养学生的思考能力，提早对自己的人生和职业做出规划。

16.陈亚萍

——"俯首甘为孺子牛"

≡ 校本案例

【人物画像】

浙江省复员退伍军人精神病疗院养院院长、宁波市精神病院院长、党支部书记陈亚萍,从事民政工作30年,带领医院员工努力拼搏,使宁波市精神病院从二甲专科医院提升到三乙专科医院,成为浙江省唯一一家通过三级医院评审的民政医院。她率先将社区治理理念运用到精神障碍患者的社会化康复中,积极探索模拟社会场景康复模式,让患者更好地回归社会,融入正常生活;带领团队发挥医院医养结合专业特长,组织编写科普图书,设计出一套优质、高效的失智症分级照护模式,提供照护指导1200多人次,培训照护者1000多人次;带领团队十几年如一日地为困难群众和服务对象送医送药,开展各种形式的便民惠民服务;创立阳光心理援助机构,年服务与接待量超过5000人次。

【主要事迹】

忘我的敬业精神

在陈亚萍刚上任宁波市精神病院院长不久,曾有人说,她是一个"疯狂"的女强人。作为隶属民政系统的医院,只要按要求完成"托底工作"就好了,但她不走寻常路、平稳路,偏偏要提出"争二甲创三乙"这样的大目标。以当时医院的实力,与专业医院竞争,无异于以卵击石。而她坚信发展才是硬道理,倘若裹足不前,终究会被淘汰。

2007年,在争创二甲医院评审期间,她顶着巨大压力,身体力行,牢牢抓住医院发展重要节点,始终保持忘我的精神状态。整整半年时间里,她每天与全院干部、职工一道加班加点、不辞辛苦。她经常忘记吃饭时间,直到买来的饭菜没了热气才匆匆塞进几口,又继续投入工作。夜晚灯稀人静的时候,总能在办公室看见她忙碌的身影。

30年来,她将心血全部倾注于民政工作,对患者、对医院、对社会兢兢业业,无怨无悔。她很少有双休日、节假日,经常顾不上吃饭、休息,经年累月,夜以继日。有人心疼她,劝她:"陈院长,歇歇吧!这样下去,你身体要垮的!"陈亚萍微微一笑,平淡地说:"谢谢,没关系。"

2009年,中国社会工作协会康复医学工作委员会举办的全国医院管理高级论坛定在11月于医院举行。10月,正在紧张筹备会议的陈亚萍,家中突遭重大变故,至亲的意外离世让她备受打击。但很快,理智战胜了情感,大爱胜过了小爱,她默默擦干眼泪,全身心投入会议筹备工作中。在那段沉重的日子里,她化悲痛为力量,以繁重的工作化解心中的伤痛和精神上的压力。会议如期举行,并取得圆满成功,令会后得知情况的全国同行感动,纷纷为她鼓掌。但细心的同事发现,一夜之间,陈亚萍头上多了很多白发。

在服务社会中争创佳绩

作为民政医院,医院承担了110、120、市救助站等部门送来患者的救助任务。陈亚萍和她的团队发挥"民政为民,民政爱民"的优良传统,牢记医者仁心,不歧视、不推诿,用真爱换真心,坚持社会救助和医疗救助并重的原则,医院每年收治弱势群体患者1000多人次,其中一部分通过医护人员精心救治后重返家园,过上幸福生活。

在陈亚萍的带领下,医院荣获了中华医学会"2015年度精神分裂症回归社会杰出贡献奖",先后获评全国民政系统先进集体、全国社会工作服务标准化示范单位、浙江省平安医院、浙江省优秀志愿服务组织、宁波市群众满意基层站所先进单位等数十个荣誉称号。

在坚守初心中实现梦想

"我们要帮助他们真正回归社会,像正常人一样幸福生活",这是陈亚萍坚守的初心。在她的影响下,医院有个不成文的约定,医院不叫"院区",而叫"社区"。这里是医院,但更像是社区,这里没有病人、没有歧视,充满了关心与支持;这里的"居民"可以在超市、画社、烘焙房、食堂、农场等辅助岗位上实现"就业",医院工作人员尊称他们为"休养员";这里培育出很多"艺术家"和"工匠",这里是这些特殊群体心灵的港湾。

休养员老郑,刚满50周岁,目前担任康复助理,他已经想好了,要在这个岗位上干到退休。除了能帮到病友外,让他恋恋不舍的,便是院区的氛围,他说:"我们真的就是一家人。"

2017年2月,在陈亚萍的倡导下,医院康复科将原生艺术创作与社会化职业康复相结合,成立了精院医家阳光家园,主要依据"优势视角"挖掘精神障碍患者的艺术天赋与创作潜能,以他们的艺术创作为基础,大力开发文化创意产品,目前已开发20多种文创系列近万件文化衍生品。近千名精神残障人士参与活动,患者重燃希望,家庭从中受益。面对院内休养员的画作,国家卫计委疾病预防控制局原副局长王斌说:"在这些灵动、丰富、充满艺术气息的作品前,你很难想象这些创作者是常人眼中的精神异常者,很难想象他们在经历了人生的混沌和磨难后仍然对世界报以热烈和向往。陈亚萍和她的团队创造了一个把精神障碍患者变成抽象画家和手工艺人的奇迹,树立了一个行业典范。"

在陈亚萍的心里,一直有个美好愿望,那就是"在这里,不再有患者,他们是可以自食其力的劳动者;在这里,不再有歧视,他们是共同创造价值的员工;在这里,不再有孤单,他们是我们团队的盟友;在这里,不再有彷徨,他们是美好明天的开拓者"。

在她心里,还有一个美丽蓝图,就是要以"保职能、强业务、提实力"为宗旨,调整"大专科、小综合"功能定位,把医院建设成集医疗、康复、教学、老年护理、科研、残疾人托养、技术指导为一体的现代化民政专科医院,更好地满足广大群众不同层次的医疗服务需求,更好地落实习近平总书记在党的十九大报告中提出的"坚持以人民为中心""坚持在发展中保障和改善民生""实施健康中国战略",带领团队奋力向现代化一流民政医院目标阔步迈进,在实现中国梦的新征程上交出更加精彩的答卷。

【社会评价】

2019年4月2日,在北京召开的第十四次全国民政会议上,30位同志被民政部授予最高荣誉奖——"孺子牛奖"。"孺子牛奖"是民政部最高荣誉奖,于1986年11月设立,每4年评选1次,主要授予全国民政系统中成绩卓著、有突出贡献和重大影响、堪称典范的工作人员，以及国内外关心、支持民政事业并做出重大贡献的社会各界人士。陈亚萍获此殊荣，也是浙江省此次唯一一位获奖者。当天，陈亚萍等获奖者受到李克强总理的亲切会见。

二 学习指导

第一，职业生活中的道德规范即职业道德，是指从事一定职业的人在职业生活中应当遵循的具有职业特征的道德要求和行为准则，涵盖了从业人员与服务对象、职业与职工、职业与职业之间的关系。爱岗敬业、诚实守信、办事公道、服务群众和奉献社会是职业生活中的基本道德规范。

爱岗敬业。爱岗敬业反映的是从业人员对待自己职业的一种态度，也是一种内在的道德需要。它体现的是从业者热爱自己的工作岗位、对工作极度负责、敬重自己所从事职业的道德操守，是从业者对工作勤奋努力、恪尽职守的行为表现。爱岗敬业就是要干一行爱一行，精益求精，尽职尽责。陈院长的爱岗敬业体现在忘我的工作状态上。在医院争创二甲的整整半年时间里，她每天与全院干部、职工一道加班加点、不辞辛苦。经常顾不上吃饭、休息，经年累月，夜以继日。

服务群众。为人民服务是社会主义道德的核心，各行各业的从业人员都要以服务群众为目标。在社会主义社会，每个人无论从事什么工作、能力如何，都应该在本职岗位上通过不同形式为群众服务。如果每一个从业人员都能自觉遵循服务群众的要求，社会就会形成人人都是服务者、人人又都是服务对象的良好秩序与和谐状态。作为民政医院，医院承担了110、120、市救助站等部门送来的患者的救助任务。陈院长和她的团队发挥"民政为民，民政爱民"的优良传统，牢记医者仁心，不歧视、不推诿，用真爱换真心，坚持社会救助和医疗救助并重的原则，医院每年收治弱势群体患者1000多人次，其中一部分通过医护人员精心救治后重返家园，过上幸福生活。

奉献社会。奉献社会就是要求从业人员在自己的工作岗位上兢兢业业地为社会和他人做贡献。这是社会主义职业道德中最高层次的要求，体现了社会主义职业道德的最高目标指向。陈院长绘制的美丽蓝图中，以"保职能、强业务、提实力"为宗旨，调整"大专科、小综合"功能定位，把医院建设成为集医疗、康复、教学、老年护理、科研、残疾人托养、技术指导为一体的现代化民政专科医院，更好地满足广大群众不同层次的医疗服务需求，更好地落实习近平总书记在十九大报告中提出的"坚持以人民为中心""坚持在发展中保障和改善民生""实施健康中国战略",带领团队奋力向现代化一流民政医院目标阔步迈进,在实现中国梦的新征程上交出更加精彩的答卷,这就是一种奉献社会的真实写照。

第二,以改革创新为核心的时代精神。时代精神是中国人民在改革开放的伟大实践中体现出来的崭新精神风貌和高尚精神品格,是建设新时代中国特色社会主义、实现中国梦的强大精神动力。作为民族的精英、国家的栋梁、社会的中坚,劳模乃是时代的标杆和旗帜。不管外在环境怎么变化,劳模的核心价值始终不变,诸如爱岗敬业、争创一流、甘于奉献等,对职业有责任感,对国家有使命感。随着进入新时代,劳模被赋予越来越多的时代内涵。习近平总书记提出的"创造性劳动"便是新时代劳模的一种精神特质。在陈院长的倡导下,医院康复科将原生艺术创作与社会化职业康复相结合,成立了精院医家阳光家园,主要依据"优势视角"挖掘精神障碍患者的艺术天赋与创作潜能,以他们的艺术创作为基础,大力开发文化创意产品,这是一项具有开拓创新性的工作。

第三,个人理想与社会理想的统一。个人理想与社会理想实质上是个人与社会关系在理想层面的反映。个人与社会有机联系在一起,二者相互依存,相互制约,共同发展。个人理想以社会理想为指引,社会理想是对个人理想的凝练与升华,个人只有把人生理想融入国家和民族的事业中,才能最终成就一番事业。陈亚萍的个人理想就是希望她服务的患者能够真正回归社会,像正常人一样幸福生活。为了实现自己的这个愿望,坚守这样的初心,她将自己满腔的热情和精力投入事业中,也为实现"健康中国"的社会梦想添砖加瓦,而在助力实现社会梦想的同时,社会也给予她认可和回馈,实现了个人理想和社会理想的有机统一。

第四,树立正确的幸福观。幸福都是奋斗出来的,习近平总书记说:奋斗本身就是一种幸福。只有奋斗的人生才称得上幸福的人生。幸福不是毛毛雨,幸福不是免费午餐,幸福不会从天而降,幸福都是努力奋斗的结果,人世间的一切幸福都需要靠辛勤的劳动来创造。陈亚萍获得患者肯定、得到殊荣、实现梦想的幸福都是靠一步一步努力奋斗而来。从一名年轻普通的护士成长为一家三级医院的院长,经年累月忘我地工作是她的常态,因为有执着坚定的梦想,所以看待辛苦和压力的心态便会改变,这也是获得幸福人生的重要一环。

学习思考题:

1. 在孙春玲眼中,陈亚萍就像一面"照妖镜",在她面前,你永远都不觉得自己好。你如何理解这句话?在生活中你有"照妖镜"吗?

2. 陈亚萍院长是如何把个人理想和社会理想统一起来的?

3.你认为陈亚萍院长忘我工作的动力是什么？

4.如果陈亚萍院长要来我校做校友讲座，你会提什么问题与她交流？

二 教学建议

本案例主要介绍了民政部"孺子牛奖"获得者陈亚萍院长爱岗敬业、争创一流、艰苦奋斗、勇于创新、甘于奉献的劳模事迹和精神，可用于《思想道德修养与法律基础》教材第五章"明大德守公德严私德"中的职业道德教育部分，也可用于第三章"弘扬中国精神"中以改革创新为核心的时代精神、第二章"坚定理想信念"中"个人理想与社会理想的统一"、第一章"人生的青春之问"中"正确的人生观"的教学中。

陈亚萍院长身在宁波，相对来说宁波卫生职业技术学院的学生去她的医院见习或者采访会比较方便。为了取得更好的教育教学效果，建议教师多搜集第一手资料进行案例教学，可以采访陈亚萍院长身边的人或者医院员工，听听他们对陈院长的印象，让院长的形象更加丰满生动，这样会更有说服力，这比通过二手资料转述的表达效果要好，甚至可以邀请她与学生面对面沟通交流。

在用案例呈现分析人物精神品质时，切忌平铺直叙，直接讲授，教师可以通过设计完成一些活动，让学生走近人物内心，理解人物，从而尊敬人物、学习人物。比如讲到陈院长舍小家为大家的时候，可以让学生自己做一个选择题：如果你碰到这种情况你会怎么做？为什么？然后教师带领大家分析各种做法可能导致的结果，通过理性分析影响思维模式，然后做出实际行动。

17.陈淑芳

————真正把论文写在大地上的专业技术人才

≡ 校本案例

【人物画像】

陈淑芳,女,现为象山县畜牧兽医总站站长。1987年,陈淑芳走出金华农校的校门,考入南京农业大学,学习畜牧专业、兽医专业。2010年,43岁的陈淑芳和丈夫一起,带着孩子去南京参加博士生入学考试,顺利地被扬州大学录取。3年的理论学习内容,她咬着牙在1年时间完成。读博3年,陈淑芳整整瘦了10公斤,一边要照顾身患重病的家人,一边要协调畜牧站的工作,还要兼顾学业,克服了常人难以想象的困难。2013年,她以一篇10万字的论文《浙江宁波地区猪弓形体病的流行病学及防治研究》毕业,成为浙江第一位兽医博士。刘秀梵院士评价她"是一位真正把论文写在大地上的专业技术人才"。

【主要事迹】

"金杯银杯不如百姓口碑,能让人民群众感到离不开"是她的追求。作为一名畜牧兽医,她三十年如一日,扎根基层、服务"三农"。陈淑芳结合日常工作中遇到的各种疑难问题,将理论与实际结合,帮助养殖户成功解决"猪的弓形体病""猪附红细胞体病"等疑难杂症,帮助养殖户挽回损失。象山农民吴彩玲的丈夫患肝癌离世,一个人带着4个未成年儿女,生活比较艰难。陈淑芳看在眼里、急在心里,她花了3个多月,帮助吴彩玲发展科学养猪,两人一起为猪添加饲料,挽起裤腿帮忙清洗猪圈。吴彩玲的收入提高了。陈淑芳在取得成效后,带领全乡养殖户搞现场培训,带领村民科学养猪。

好多次，陈淑芳有脱离一线岗位的机会，然而她都放弃了，宁愿与猪粪、鹅屎打交道，不辞辛劳地奔走在为村民服务的路上。她说，每当尽己之力帮养殖户挽回损失，看到养殖户脸上的笑容，就是人生最大的价值。她坚信："奉献的人生才是快乐的人生，为他人着想的人生才是有意义的人生。"

陈淑芳是儿女眼中的好妈妈。18年来，她先后收养并资助5名孩子，视如己出，陪伴他们长大，改变了他们的人生。最大的孩子已成为一名"白衣天使"，出嫁那天，就在"上花轿"的那一刻，80岁的亲爷爷突然跪在陈淑芳面前，口中不停地说着感谢。陈淑芳噙着泪水，赶紧把老人拉起。

她是父母眼中的好女儿，演绎了"久病床前有孝子"的佳话。母亲因病昏迷不醒一年多，因脑梗死成为植物人。她和兄弟姐妹们悉心照料，白天陈淑芳上班，晚上每隔两小时，她就给母亲按摩、翻身、拍背、吸痰。在陈淑芳和家人的悉心照料下，母亲偶尔会有流眼泪、动手指的举动，后来还摘掉了呼吸机。

她为人低调，在工作中收获了很多荣誉，但一直都瞒着父母，怕父母到处说，不想被别人知道。"我父母一直不知道我收获的荣誉，我母亲生病的时候，我才给她看我获得劳动模范荣誉颁奖时的视频。我妈妈说：'电视上的人，怎么这么像你？'我当时就哭了，很内疚。希望大家一定要牢记与父母分享自己的点点滴滴，让父母参与到自己的生活、工作中，不要像我这样。"讲到此处，陈淑芳的眼中饱含泪水。

她是公婆眼中的好儿媳，婆婆因为食道癌瘦得只剩70多斤，她悉心照顾。婆婆因病痛经常呻吟不止，陈淑芳就抱着她，像哄一个孩子。婆婆病了7年，陈淑芳就细心服侍了7年。

她还是同事眼中的"阿芳姐"，手把手地将兽医技能传授给新一代兽医。

【社会评价】

陈淑芳曾获得多项荣誉，是全国五一劳动奖章获得者、"全国三八红旗手"、第六届全国道德模范（孝老爱亲类）、"浙江省劳动模范"、"最美浙江人——浙江骄傲年度人物"。

≡ 学习指导

第一，人生价值的实现重在知行合一，道德的践履与主体实施聚焦点在人的实际行动上。"听其言，观其行"，人生目标的实现，并不是靠空口白牙喊喊标语就可以的。扎实苦干、无私奉献是对陈淑芳精神最好的注脚,始终践行全心全意为人民服务的宗旨,扎根在养猪的第一线上。把养猪当作自己的事业来开展,在科学养猪的同时还注重实践的理论转化,陈淑芳攻读博士学位,将实践中产生的问题上升到理论研究的层面,科研精神让人钦佩。

第二,"奉献的人生才是快乐的人生,为他人着想的人生才是有意义的人生"。个人价值的实现应该融入国家建设的伟大事业中去,个人事业的成就与国家利益的最终实现,孰轻孰重?两者应该是包含与被包含的关系、整体与部分的关系。大学生要以社会主义核心价值观为行动指南,教师应在引导学生思考"人的一生该怎样度过,才不算虚过?"这样一个问题时,深入挖掘个人价值与社会价值的辩证关系,以及人的价值全面实现的内蕴,给予学生正面的启发。

第三,在培育和践行社会主义核心价值观的过程中,始终需要引导大学生走在时代前列,做坚定的信仰者、积极的传播者、模范的践行者,自觉树立服务人民、奉献社会的人生观。陈淑芳的事迹是践行社会主义核心价值观的生动体现。她对人民的热爱,对职业的热忱,彰显共产党员与人民群众之间不可分割的鱼水之情。对于大学生而言,就要切实做到勤学、修德、明辨、笃实,使社会主义核心价值观成为人生选择的价值标准。在生活工作中,严于律己、勤勉踏实、坚忍不拔、孜孜以求,旗帜鲜明地弘扬真、善、美,正视对价值观的选择,负有道德责任感,志存高远,笃行不辍。

二 教学建议

本案例适用于《思想道德修养与法律基础》中"践行社会主义核心价值观""人生的青春之问"的辅助教学。案例展示了"全国道德模范"陈淑芳几十年如一日,扎根基层,服务"三农",用自己的知识和技术帮助养殖户科学养猪的故事,是对"不忘初心、牢记使命"精神的最好注脚。

第一,教师在课堂中组织学生对案例进行分析讨论时,可以着重介绍陈淑芳的事迹,注意引起学生的情感共鸣,甚至可以了解班级中是否有来自象山的同学,请他们根据自己的所见所闻谈谈对陈淑芳的印象,加强课堂互动,提升案例的真实性,深化学生对陈淑芳的认知。

第二,教师在分析案例时,可以牢牢把握住人生价值的实现这个主题。一个优秀的楷模扎根农村,服务"三农",帮助农民渡过难关,有力助推社会主义新农村建设,体现了高尚的人格魅力。陈淑芳不拘泥于个人的利益得失,在奉献社会中实现人生价值，人生的幸福感建立在社会整体利益的实现上，创造更有意义的人生。人们在实践中努力实现自己的人生价值，不断增强实现人生价值的能力和本领。人的主观努力在相当大的程度上决定着人生价值实现的程度，人们通过学习可以提升自己的能力与水平，为人生价值的实现创造良好条件。

第三，教师在引入案例时，应注重人物品质的挖掘，思考怎样的人生才不算虚过，引导学生得出成就精彩人生的结论。大学生担当时代赋予的历史责任，应当与历史同向、与组织同行、与人民同志，在服务人民、奉献社会的实践中完善自我、创造人生的美好价值。当代大学生要正确认识世界和中国大势，准确把握中国发展的重要战略机遇期，增强社会责任感，与祖国同呼吸、共命运。与祖国同行，将人生目标与国家民族的利益前途紧紧联系在一起，才能最大限度地实现人生价值，积极投身于社会主义现代化建设的伟大事业中，与国家和民族同奋进、共发展。与人民同在，大学生要在为人民群众服务、实现人民群众利益的过程中实现人生价值，做中国最广大人民根本利益的维护者，才能使自己的人生大有作为。

18.王德尚

——浙东地区病理事业创始人

＝ 校本案例

【人物画像】

王德尚老师为中国民主促进会会员、高级讲师、主任医师,担任中国病理生理学会中专委员会常委、华东病理学教学研究会主任委员、浙江省病理学会委员、浙江省中等医学病理学教研大组长、中华医学会宁波分会理事等职务。

王德尚老师1998年从宁波卫生学校(宁波卫生职业技术学院前身)工作岗位上退休后,一直发挥余热、服务社会。他坚持在慈溪等地从事病理诊断及基因分析15年,为病理学事业发展做出贡献。

【主要事迹】

王德尚老师被称为"浙东地区病理事业创始人",工作期间开展病理尸检、活检教学和科研,为浙东地区病理事业的普及做出贡献。王德尚老师曾创造徒手切片快速简易病理诊断技术及硼酸类美兰 HP 快速染色法,现已在全省各医院普及,并向部分省市推广。他从事的相关工作和研究对我国病理事业发展具有重大贡献,得到全国病理界一致认可。

王德尚老师曾担任卫生部中等医学教材编审委员会委员,编写了中等卫生学校教材《病理学及疾病概要》《病理学》(一、二版),由山东科学技术出版社出版,《病理学复习题解及临床病理讨论》由浙江科学技术出版社出版。他还在《天津医学》《临床与实验病理学》等杂志上发表了《恶性网状内皮病(附22例初步分析)》《徒手切片法快速简易病理诊断》等学术论文。

据悉,中华医学会在成立 100 周年之际、中华医学会病理学分会在成立 60 周年之际,举行了"百年魂、中国梦"系列纪念活动,由中华医学会、中华医学会病理学分会主办的中华医学会病理学分会第 21 次学术会议暨第 5 届中国病理年会在云南举行。这次年会上,王德尚老师被授予"中国病理事业突出贡献专家"称号。

【社会评价】

王德尚老师荣获"中国病理事业突出贡献专家"称号。此称号是中华医学会病理学分会专门为我国病理事业发展做出突出贡献的专家设立的奖项,王德尚老师是宁波唯一获此殊荣的病理学专家,全省仅有 9 名专家获此荣誉。

≡ 学习指导

何为医者？很多人都觉得,能从死神手下争分夺秒地抢救一个个生命的主刀医生是伟大的。但是如果你去他们面前夸奖他们,或许他们会谦虚又真诚地说:"我们能抢下的人命是能数得过来的。伟大的是那些幕后做着研究的科研人员,每一种新药的推行,每一项新技术的发现,每一个新产品的产生,每一种疑难杂症的更有效、能减轻痛苦的医疗方式的问世,都能拯救成百上千的人,他们,才是真正的英雄。"

王德尚老先生,就是那样一个人。他数年来日复一日地做着病理方面的相关研究,攻克着一个个医学难关。在工作期间展开病理尸检、活检教学和科研。王老师曾创造徒手切片快速简易病理诊断技术及硼酸类美兰 HP 快速染色法,已在全省各医院普及,并向其他部分省市推广。他从事的相关工作和研究对我国病理事业发展具有重大贡献。

王德尚老师具有极佳的职业精神和专业能力,这是他能够在病理研究上取得成功的主要原因。他在自己的工作岗位上兢兢业业地工作着,目的就是多研究一些病理症状和治疗方法,为千百万与病痛做斗争的病人减轻或治愈伤痛。

更重要的是,王德尚老师除了研究以外,更重视病理有关知识的普及和教育。他曾担任卫生部中等医学教材编审委员会委员,编写了中等卫生学校教材《病理学及疾病概要》、《病理学》(一、二版)、《病理学复习题解及临床病理讨论》,他还在《天津医学》《临床与实验病理学》等杂志上发表了《恶性网状内皮病(附

22 例初步分析）《徒手切片法快速简易病理诊断》等学术论文。

2017 年的 7 月 5 日，王德尚老先生捐赠病理专业书籍 70 多本给宁波市临床病理诊断中心。他六十年如一日，坚持病理诊断和研究，积累了丰富的实践经验，培养和教育了一批又一批优秀的病理人才。他始终心系病理学，在其年老之际，主动提出要将他钟爱一生的宝贵的病理专业书籍捐赠给开全国先河的宁波市临床病理诊断中心，希望病理诊断中心凭借其资源共享和整合的规模优势，推进病理诊断的精准化、专业化，将病理事业发扬光大。

一个医学工作者同时也是一个医学教育者，王德尚老师用他十年如一日的行动告诉我们，如何做好一个医学工作者。正如他曾对年轻一代的病理医生提出的寄语和希望：一是要有一颗仁和之心，在做好事之前先做好人，始终怀揣一颗爱人和感恩之心，对父母孝敬，对长辈敬重，对朋友信任，对同道谦让，对别人宽恕；二是要发扬大医精诚的精神，年轻的病理医生要耐得住寂寞，刻苦学习，善于思考，勤于实践，不断精研医术、精益求精，成为新一代诊断水平精湛的病理传承人；三是要爱岗敬业，真心对待每一位患者，认真对待每一张病理切片，发扬为病人、为事业负责任的精神。

上面这段话，不仅是病理医生该恪守的，也是我们许多医学工作者该恪守的。心系病人、爱岗敬业、恪守本分、人文关怀，这是医学工作者该有的品质。

二 教学建议

本案例适用于《思想道德修养与法律基础》教材中"职业道德""践行社会主义核心价值观"的辅助教学。案例展示王德尚老师投身医疗卫生行业中，为我国病理事业做出巨大贡献。

第一，在课堂讲解中，教师有效组织学生研讨案例文本，围绕主题进行分析和思考。案例的重点可放在王德尚老师投身病理诊断的事业中，尤其在退休后仍坚守岗位，奉献社会。思考是什么样的精神力量支持王德尚老师退休后，工作不退休，热情不减。劳动最光荣，通过劳动为国家和人民，为共产主义事业建设贡献力量，收获幸福感、获得感。人的价值最终需要通过劳动产出得到实现，弘扬劳动精神，使中国的病理学发展得到长足的进步。

第二，教师在结合案例内容讲解职业道德规范时，尤其应重点分析爱岗敬业、服务群众与奉献社会的内涵。爱岗敬业是从业人员对自己职业的态度，是内在的道德要求。从业者展现对自己职业的热爱会升华为一种崇高的归属感。为人民服务是社会主义道德的核心，各行各业立足于岗位通过不同的形式服务群众。社会中的每一员都会是服务者，也会成为被服务者，以此建立良好和谐的社会。服务社会，秉持公心，自然而然地为他人奉献。奉献社会是最高层次的要求，是崇高的道德精神，是对自身的超越。

第三，教师分析案例的目标应当是引导学生树立正确的择业观和创业观。职业是人们奉献社会、完善自身的必要条件。青年马克思在谈到选择职业时曾说："如果我们选择了最能为人类而工作的职业，那么，重担就不能把我们压倒，因为这是为大家做出的牺牲。那时我们所享受的就不是可怜的、有限的、自私的乐趣，我们的幸福将属于千百万人，我们的事业将悄然无声地存在下去，但是它会永远发挥作用，而面对我们的骨灰，高尚的人们将洒下热泪。"从事任何职业都是为了社会的进步，工作使人快乐不是口号，应该成为每一个人的职业信念，在事业中找到快乐，得到生活的乐趣，提升自身的品质与修养。在劳动付出的过程中，因为有乐趣、有幸福感，我们会抛弃很多负面情绪，更加积极乐观地投入，更具付出意识与使命感，最终达到人的自我价值的实现。

教师还可以从职业道德的角度，引导学生从案例中得到启示。

第一，可以将职业精神升华到工匠精神，为使学生能够更直观地了解，可以为学生播放中央电视台录制的《大国工匠》节目片段。工匠精神是新时期时代精神的体现，是培育社会主义核心价值观，弘扬劳模精神、劳动精神的具体实践。社会主义核心价值观是支撑大国工匠不断前行的精神动力。

第二，各行各业的劳动模范是那些脚踏实地的人，宵衣旰食，凭借自己不屈不挠的意志和百折不回的勇气，为民族的振兴、社会繁荣昌盛奉献力量。即使技术条件落后、社会不发达、经济水平有窒碍，他们也不愿意放弃自己的理想信念，投身行业中。开拓进取的精神是职业道德最好的注脚，要有志气有闯劲而又淡泊名利，一片热忱地对待自己的职业，将工匠精神发扬光大，使之成为高于职业的"道"。他们所创造出的科技会造福千万人，并永远发挥作用。物质的延续能够传达精神的力量，即使百年之后，人类使用时也能够体悟到当时产品开发者高尚的情操。这种崇高的职业理想与精神的超越，值得学生去崇敬去践行。

19.裘秀菊

——坚守岗位的好护士

= 校本案例

【人物画像】

裘秀菊,1956年出生在余姚。她,中等个子,不胖不瘦,性格温婉,时常面带微笑。1978年12月,裘秀菊从宁波卫生学校毕业来到余姚市人民医院护理岗位工作,一干就是38年。虽然在2016年她已到退休年龄,但她"退而不休",每周一、三、五上午仍会到医院的"秀菊服务岗"做义工。同时,她还成为余姚市凤山街道东江社区的一名网格员,为邻里化解矛盾、为物业和居民搭建沟通桥梁、为居民提供贴心的服务。

【主要事迹】

抗击"非典"期间,她是临危不惧的冲锋者

2003年4月21日晚上,余姚市人民医院发现了宁波市首例"非典"疑似病人。为更好地指导发热病人治疗,医院领导决定派一位有丰富工作经验的护理人员去发热门诊,裘秀菊临危不惧,主动请缨。

两个多星期里,裘秀菊夜以继日坚守在发热门诊第一线,不厌其烦地为每一位病人量体温、细心讲解"非典"防治知识、分发预防"非典"宣传资料、为病人做各种解释工作。甚至有时候一天要接待七八十位病人,几天下来,身体吃不消了,她的嗓子也哑了。医院领导考虑派别人顶替,她却不肯。她说:"我是一名共产党员,在这场考验面前,大家都通过我的眼睛盯着我们党员。发热门诊是抗击

'非典'的前线，我作为一名党员，就应该冲锋在前。"

2003 年 6 月，"非典"警报终于解除。抗击"非典"，在这场没有硝烟的战争中，裘秀菊像无数共产党员一样，经受了生死考验，像无数医护人员一样，守护人民生命健康，向党组织向人民交出了一份满意的答卷。

在病人最需要的时候，她是最坚定的守护者

在 30 多年的临床实践中，裘秀菊总结出一套独特的护理方法：帮助病人在求援之前；解答疑难在询问之前；服务病人在要求之前；和病人沟通在治疗之前；巡视病房在呼叫之前。这套被称为"秀菊护理法"的工作方法使裘秀菊总是在病人最需要的时候出现在病人身边。

在一次巡视病房时，细心的裘秀菊发现一名 17 岁的糖尿病患者面色苍白，血压下降，于是立即向医生报告。经过 5 个小时的积极抢救，女孩终于转危为安。在接下来的几天中，裘秀菊又发现她情绪极不稳定，沟通后才知道女孩的心思，女孩担心病情会影响自己的学业和未来。裘秀菊便常和她交流谈心，告诉她糖尿病人只要控制好血糖就可以和正常人一样生活。经过裘秀菊的不断开导，女孩重新树立起对生活的信心。一直以来，裘秀菊都没有停止过对女孩的跟踪指导。女孩也把裘秀菊当成了亲人，除了看病、配药，女孩考大学、填志愿、找工作都喜欢找裘秀菊商量。

在每一个平凡的日子里，她是大家的好大姐

有一年冬天下了大雪，裘秀菊早早地来到医院的田井里扫雪，给病人和同事们扫出了一条通道，寒冷的冬天里大家感受到了人间的温暖。

在工作上遇到挫折，在生活上遇到困难，大家都喜欢找她，她会耐心地开导新人，帮他们出点子，引导他们如何做人做事。她身上的精神，感动着、激励着新人前进。她也从不直接说"你做错了"。护士室里有时没有搞好卫生工作，裘秀菊会拿扫把整理干净。她的这些举动是无声的语言，潜移默化影响着所有人。

退休后的日常生活中，她是社区居民最先想到的网格员

房屋漏水、厕所水管爆裂、楼道口堆放垃圾……这些原本应该找物业解决的"家事"，而大家更喜欢联系小区的网格员裘秀菊，因为她有足够的耐心和责任心。有一次，裘秀菊突然接到一名居民的电话，称楼下居民家里散发出来的煤气

味影响到他们的生活。一挂下电话,裘秀菊就赶到该居民家中了解情况,同时与物业取得联系。"其实就是排气管道出口设置的问题。"裘秀菊在咨询专业的装修师傅后,给楼下的居民提出了一个管道设置修改意见,建议把管道设在厨房,从厨房排出气体。这样一来,楼上的居民不会再受煤气味的影响,双方的矛盾就解决了。

【社会评价】

在宁波、浙江甚至全国护理界,裘秀菊的名字都如雷贯耳。她是"感动余姚新闻人物"、"宁波市优秀护士"、"浙江省白求恩式医务工作者"、"宁波市特等劳动模范"、"浙江省防治'非典'工作优秀党员"、全国五一劳动奖章获得者、"浙江省劳模"、"全国先进工作者"、党的十大代表、奥运火炬手、"为宁波建设做出突出贡献的先进模范"、"浙江省优秀网格员"……裘秀菊所获得的荣誉有多少,可能连她自己都说不清。尽管已是家喻户晓的新闻人物,但她依然是那样谦和,那样低调,一直默默地为他人服务。

═ 学习指导

第一,理想信念是精神之"钙",理想信念昭示奋斗目标,提供前进动力,提高精神境界。理想信念是人生发展的内在动力,只有理想信念坚定的人,才能始终不渝、百折不挠,不惧风吹雨打,不怕千难万险,坚定不移为实现既定目标而奋斗。抗击"非典"期间,裘秀菊在生与死的考验面前,之所以能够临危不惧,挺身而出,是因为她具有崇高的理想信念,坚定马克思主义信仰,不忘作为一名共产党员的初心,冲锋在前,勇担使命,尽心竭力为人民服务。因此,只有树立崇高的理想信念,才能激发起为民族复兴和人民幸福而发愤努力的强烈责任感与使命感,掌握建设祖国、服务人民的本领。

第二,"服务人民、奉献社会"的思想代表了人类社会迄今为止最先进的人生追求。在各式各样的关于人生目的的说法中,高尚的人生目的总是与奋斗奉献联系在一起。只有把自己的人生目的与国家前途、民族命运、人民幸福联系在一起时,才能自觉自愿地把自己的一生奉献给利国利民的事业。裘秀菊在自己的岗位上一干就是 38 年,在她看来,只要病人需要,她就在护理岗位上继续干下去,直至退休后仍然到医院为病人服务。也正因有为人民服务、奉献社会的高尚追求，她才不怕工作的劳累，不挑肥拣瘦，一直安心于本职工作，在普通的岗位上创造了惊人的业绩，赢得了大家的肯定与赞美。

第三，实践出真知，实践长才干。"裴秀菊护理法"的创设，是裴秀菊从30多年的临床实践中得出的，只有投身社会实践中，体悟改革创新精神，增强改革创新的意识，锤炼改革创新的意志，才能提高改革创新的能力本领，勇做改革创新的实践者和生力军。

第四，为人民服务是社会主义道德的核心，自觉践行社会公德，助人为乐。在公共生活中，每个人都会遇到困难和问题，总有需要他人帮助和关心的时候，把帮助他人视为自己应做之事，是每个社会成员应有的社会公德，是有爱心的表现。裴秀菊不论对病人、同事还是社区居民，都非常热心，时刻为他人着想，为他人服务。在抗击"非典"期间，她冲锋在前；在病人最需要的时候，她总是能够出现在病人身边；在同事眼里，她就是大家公认的好大姐；在社区居民心里，她就是能为他们解决问题的优秀网格员。爱心、细心、耐心、责任心在她身上体现得淋漓尽致，赠人玫瑰，手有余香。裴秀菊也在对他人的关心和帮助中收获了实现人生价值的快乐。

第五，人类是劳动创造的，社会是劳动创造的。习近平总书记说过，"劳动最光荣、劳动最崇高、劳动最伟大、劳动最美丽"。劳动没有高低贵贱之分，任何一份职业都很光荣。无论从事什么劳动，都要弘扬工匠精神，干一行、爱一行、钻一行。裴秀菊从干上护理这一行到爱上这一行，也经历了一个过程。多年的护理工作使裴秀菊对病人已经有了一种难以割舍的感情，在工作中她感受到了自己的价值，只要病人需要，她就一直干下去。在医院同事眼里，裴秀菊对病人的关怀，有时甚至远远超出了本职工作的范围，在普通的岗位上做出了不平凡的事迹，实现了人生价值。我们每位同学只要树立正确的职业生活与劳动观念、正确的择业观，肯干肯钻研，练就一身真本领、掌握一手好技术，就都能够在将来的某一工作岗位上实现自己的人生价值。

第六，向上向善、知行合一。"纸上得来终觉浅，绝知此事要躬行。"高尚道德品格的形成重在实践，贵在坚持。裴秀菊所获得的各项荣誉都是从自我做起，从身边事做起，从小事做起，以此实现了由现实自我向理想自我的飞跃。大学生应该向道德模范学习，学习助人为乐、关爱他人的高尚情怀，以及勇于担当的无畏精神，敬业奉献、勤勉做事的职业操守，等等。同时，大学生要时时处处以道德模范为榜样，投身社会实践中，积极参与，崇德向善，做新时代社会主义道德的示范者和引领者。

学习思考题：

1.通过对裘秀菊相关事迹的了解，你认为她身上具有的哪些优秀品质值得学习？

2.抗击"非典"期间，面对生与死的考验，裘秀菊为什么能够临危不惧，挺身而出？

3.结合裘秀菊38年在岗位上的坚守与奉献，谈谈你对正确的择业观及职业道德的认识。

4.结合所学专业，谈谈如何努力践行向上向善、知行合一。

二 教学建议

本案例主要介绍了宁波卫生职业技术学院校友裘秀菊在护理工作岗位上的坚守和奉献。38年里，她勤勤恳恳、兢兢业业，时时刻刻为病人着想，为他人排忧解难。她是抗击"非典"的冲锋者，是病人的守护者，退休后，她是社区居民的服务者。该案例可用于《思想道德修养与法律基础》教材中"科学高尚的人生追求""崇高的理想信念""实践出真知，实践长才干""社会主义道德的核心和原则""职业道德"等相关内容的教学。本案例可适用于学校所有专业学生，其中对护理类专业学生可以做重点讲解。

第一，周秀菊说过这样一句话，"我的理想是做一个平常工作看得出、关键时刻冲得出、危难时刻获得出的共产党员"。在抗击"非典"期间，周秀菊不忘自己作为一名共产党员的职责与使命，勇于担当，冲锋在前。通过这一典型案例可以具体真实有力地说明"理想信念是精神之'钙'"。建议在教学过程中注重结合案例发生的背景，带动学生情绪。同时，该案例可以贯穿第二章"坚定理想信念"的多个知识点，使学生理解理想信念的作用，为什么要信仰马克思主义，如何实现个人理想与社会理想的相统一，等等。

第二，裘秀菊在多年的工作中总结出了独特的"裘秀菊护理法"，可当作"实践出真知，实践长才干"的典型案例。裘秀菊1977年3月来到宁波卫生学校，在1978年12月已经到医院工作。在教学中可结合我校当前学生的学习实际，让人物与自身产生联系，告诉学生立足于社会实践的重要性及必要性。

第三，裘秀菊从事的是护理工作，具有较强的针对性，"裘秀菊38年工作生涯见证宁波护理学科发展"等相关案例可作为始业教育，让相关护理专业学生理解宁波护理学科的发展史，使学生了解自己所学专业、当前的工作现状、就业前景等，将在校的专业学习与未来职业生涯相结合，向校友学习，树立正确的劳动观、就业观、择业观等。

第四，裘秀菊所获得的众多荣誉都是她默默奉献的结果，从裘秀菊为他人服务的各个事例中，看得出她一生的追求是什么，充分体现了为人民服务这一社会主义道德核心。教师可运用该案例具体讲解"科学高尚的人生追求""社会主义道德的核心和准则"，同时结合第四节"向上向善、知行合一"的内容，引导学生向身边的道德模范学习，通过参与志愿服务及学生活动展示，做社会主义道德的示范者和引领者。

20．朱德东

——人生没有捷径，唯有不断攀登

＝ 校本案例

【人物画像】

朱德东，宁波卫生职业技术学院 1989 级优秀校友，中国抗癌协会肿瘤微创治疗专业委员会宁波医疗卫生领域的首个委员，首位将肝肿瘤微创治疗技术引进宁波的医生，现为宁波市第二医院肝肿瘤科主任。

【主要事迹】

1989 年，朱德东以高于录取线 55 分的成绩，从慈城半浦中学（现为乍浦中学）考入宁波卫生学校（现为宁波卫生职业技术学院）临床医学班。

他说："当年的中专很难考，因为工作早、包分配，读出来就能捧'金饭碗'。我们整个初三年级 180 多名同学，只有 6 个人考进中专。"他是慈城杨陈村的农家子弟，上面还有 3 个哥哥，考不上中专，最大可能就是回家务农，因为家里负担不起一个高中生的费用。

1993 年开始，中专生不再包分配，需要自主择业的朱德东面临两难选择，要么回慈城当地医院做一名外科医生，要么去宁波市传染病医院做一名内科医生。朱德东最终选择留在市区。

在此后的行医生涯中，朱德东一直从事肝癌、肝硬化、重型肝炎的防治研究和诊疗。1997 年开始，在繁重的工作之余，他在温州医科大学用 7 年时间先后读完大专和本科。2002 年，他赴上海东方肝胆医院进修，学习肝癌的微创消融治疗，师从张智坚医生。张智坚医生是吴孟超院士的学生。当时朱德东负责管理半个病区，共有 25 张床位，每天除了看门诊、做手术，还要查房、写电子病历。工作强度是在宁波的 4—5 倍，经常要忙到凌晨。常人需要进修一年半载，勤奋好学的朱德东仅用了 3 个月就出色地完成了。回到宁波，他开始了从单纯的内科医生向"内外兼修"的转变。

2002 年，进修归来的朱德东第一次将肝肿瘤射频消融术引入宁波，并开创了宁波市肝肿瘤微创治疗的新局面，至今已累计完成射频手术 3000 多台，为无数的病患和家庭送去福音。

原本专注于临床诊疗的朱德东在 2009 年再次面临挑战。组织让他担任医务科科长，统筹管理全院医务工作。2011 年，宁波市传染病医院并入宁波市第二医院，朱德东在 2014 年出任宁波市第二医院医患办主任。那段时间他基本没有节假日，手机 24 小时开机，他经常要面对焦急的患者及其家属。后来，他越来越感觉自己的诊疗工作受到影响，精力有时难以集中，手术有时也不能按计划进行，随后他又选择回到一线。

2016 年，朱德东担任宁波市第二医院肝肿瘤科主任，再度全身心扑在肝肿瘤的诊疗上，不分白天黑夜地忙碌在病房、CT 室和手术室。每次接待患者，他都仔细观察影像资料，分析临床数据。有时为了一个疑点，他不厌其烦，联系影像科的专业医师一起分析，从 CT、磁共振中寻找蛛丝马迹。

前几年，一名来自山区的农村患者前来就诊，当地医院用 B 超没有发现肿瘤，但朱德东仔细阅读患者的各项检验结果，感到诊断可疑，马上为该患者做 CT，结果发现肝肿瘤已扩散。看到患者对治疗有犹豫，朱德东告诉对方，肿瘤结节个数及范围均有限，有治愈的希望，不要放弃，并为其量身定制了经济合理的治疗方案，患者存活至今。

有一名 85 岁高龄的患者在体检中发现肝脏有 7 厘米的肿瘤，并伴有肝硬化等，很多医院不愿冒风险，但朱德东顶住压力，顺利帮助这位患者消融了肿瘤，目前老人生活得很健康。

正是凭着对医学事业的不懈追求和对患者高度负责的责任感，他先后组织开展了肝肿瘤的射频和微波治疗、载药微球栓塞治疗、门静脉癌栓的粒子植入、肺癌的粒子及射频治疗等，极大地提高了患者的治愈率及生存质量，给癌症晚期患者带来希望，也创下了宁波肝肿瘤治疗领域的多个"第一"。

【社会评价】

朱德东经常告诫科内同志,在医疗活动中要经常换位思考"这位患者需要什么,我能给予的帮助是什么?"他时时以一位共产党员的标准严格要求自己,他严谨、细致、求实、苦干的作风受到患者及家属的一致好评,每年收到的大量锦旗及表扬信是患者对他最大的肯定。

"其实,回头看,上中专的经历也让我存有遗憾,特别是英语没有学好。"朱德东感慨,"回顾这几十年来的奋斗,让我明白,人生没有捷径,不管起点如何,都要不停奋斗、不断学习,唯有这样才能不断攀登新的高峰。"

≡ 学习指导

案例中,朱德东的身上全面体现了职业道德的要求,由于爱岗,他才有动力、有兴趣想方设法做好自己的工作,为敬业提供强大的支撑力量。由于敬业,他对工作一丝不苟、细致入微。他用妙手挽救患者的生命,更用仁心树立起医德的标杆。

本案例对我们的启示:首先,一个人只有在工作中全面履行职业道德,才能取得成功;其次,工作不只是谋生的手段,还是实现人生价值、获得社会承认的途径;最后,作为当代大学生,在校期间应加强学习,自觉地加强职业道德修养。

学习思考题:

1. 朱德东身上体现了哪些职业道德?

2. 朱德东的成功对当代大学生有什么启示?

≡ 教学建议

本案例可用于《思想道德修养与法律基础》教材中第五章第三节"遵守公民道德准则"部分的教学。

(1)本案例的教学目的和用途。

爱岗敬业,反映的是从业人员热爱自己的工作岗位,敬重自己所从事职业的道德操守,表现为从业人员勤奋努力、精益求精、尽职尽责的职业行为,这是社会主义职业道德最基本的要求。

当前，我国社会的职业生活存在着许多问题。大学生学习职业道德、树立正确的职业观念对于将来更好地肩负起国家、民族、社会赋予我们的历史使命，具有重要的意义。

（2）本案例使用过程中需要注意的问题。

为了配合本案例的使用，增强案例的说服力和教学的实效性，可以邀请优秀校友，给学生上课或者做报告。

21. 孙伟亮
——把平凡的事做好,就是不平凡的追求

二 校本案例

【人物画像】

孙伟亮,浙江宁波人。现任宁波市鄞州人民医院胃肠外科主任、主任医师。

孙伟亮出生在宁波的一个小村庄,成绩在班里一直名列前茅,初中毕业后他考入中专,在父亲和校长的建议下,选择了医学专业,从此与医学结下了不解之缘。毕业后,他被分配到鄞州人民医院当了一名普外科医生。1994年,中专学历的他直接考上了昆明医科大学攻读硕士研究生,就读肿瘤专业。1997年,他以优异的成绩取得硕士学位。硕士毕业后,他放弃了分配到大城市医院的机会,选择回到原所在单位鄞州人民医院,为原所在医院带来了许多领先的新技术和先进的治疗方法。

孙伟亮是浙江省微创联盟核心成员、主任医师,同时也是一名硕士生导师。他从事外科临床及科研工作20多年,尤其擅长胃肠道肿瘤的诊治,主持国家自然科学基金、省市级多项课题,曾获得宁波市科技进步二等奖,发表SCI论文多篇。作为一名医生,他的年手术量超过500台,在宁波市率先引进许多治疗肿瘤的新技术,临床上,每年开展胃肠道癌手术200例以上,并已开展腔镜下的微创手术,取得了很好的社会效益。作为一名学科带头人,孙伟亮为带出一支技术过硬的高素质、高品质优秀团队,不但自己坚持学习,做好带头模范作用,同时要求全科医护人员努力学习,提升整个科室的学术水平。同时,他每年也在宁波大学医学院授课,将自己在实践过程中所积攒的经验传授给学生。

【主要事迹】

在最近公布的"鄞州区十大名医"榜单中,鄞州人民医院胃肠外科主任、主任医师孙伟亮榜上有名。患者和同事对孙伟亮的评价大多是好医生、好同事,一个简单的"好"字背后,有着几十年如一日的努力。

想当科学家的他最终与医学结缘

孙伟亮的办公室十分简单,办公桌一角堆满了奖状和荣誉证书。当有人问及这些荣誉时,他总是轻描淡写一带而过,而说起肿瘤,他马上变得精神兴奋、滔滔不绝。从事肿瘤外科工作 20 多年的孙伟亮,擅长大肠癌和胃癌的腔镜治疗,特别擅长进展期尤其是晚期消化道肿瘤的综合治疗,实施个体化处理。

1997 年研究生毕业后,孙伟亮被作为人才引进宁波市鄞州人民医院。他引进了多项新技术,如:为医院引进直线加速器,完善肿瘤治疗手段;率先开展消化道恶性肿瘤的腹腔化疗及胃肠道肿瘤术后的早期肠内营养;组建腹部肿瘤 MDT 团队,等等。

如今,孙伟亮是宁波市中西医结合学会胃肠外科专委会主任委员、宁波大学医学院硕士研究生导师、浙江省数理医学会结直肠疾病分会常委、中国医药教育协会腹部肿瘤专业委员会委员、浙江省抗癌协会胃肠道间质瘤专委会会员。他曾获国家自然基金、省科技局及鄞州区科技局课题各 1 项,获评宁波市"4321"工程第二层次人才。近 5 年来以第一作者在国内外一级以上期刊发表论文 13 篇。

提及当年学医的初衷,孙伟亮说完全是个意外。他出生在宁波的一个小村庄,从小到大,他和姐姐一直都是父母的骄傲,姐弟俩的学习成绩一直在班里名列前茅。1983 年,姐姐考上了大学,成为村里的首个大学生。孙伟亮则考上了中专,但他一心想当科学家,就想放弃中专,继续读高中,之后报考航天专业。结果被父亲和校长给拦住了,他们一个劲儿劝他填报医学专业。就这样孙伟亮成了那年他所在中学唯一一名中专生,姐弟俩也一下子成了村里的名人。

毕业后,孙伟亮被分配到鄞州人民医院当了一名普外科医生。医生的工作繁重、精细,极具挑战性和高风险性,时常有一种如临深渊、如履薄冰的感觉,加班加点是常事,特别是节假日及夜间急诊手术更是必须随叫随到。

普外科是一个急诊手术较多的科室,忙的时候基本上每天都有急诊手术,主要是肠梗阻、胃肠穿孔等,有时一晚上会来几个急诊病人。孙伟亮接到电话后,不管是在吃晚饭,还是在休息,都会迅速从家赶往医院,加入抢救队伍中,手术短则几小时,长则十几个小时。

为了提升自己他一边上班一边考研

医学发展日新月异,勤奋好学的孙伟亮为了紧跟时代步伐,1994 年,他考入昆明医科大学攻读硕士研究生,就读肿瘤专业。1997 年,他以优异成绩取得硕士学位。毕业后,他放弃了分配到大城市医院的机会,而是选择回到原所在单位鄞州人民医院。

回到鄞州人民医院后,孙伟亮带回了先进的肿瘤规范治疗方法。在他的建议下,鄞州人民医院购买了当时宁波市第一台直线加速器,医院的肿瘤治疗水平得以提升。在积极推广肿瘤规范治疗的同时,孙伟亮还开展胃肠道肿瘤术后的早期肠内营养,并组建腹部肿瘤 MDT 团队,在复杂性恶性肿瘤等高难度手术上取得长足进步。他也敢于挑战各类高难度手术,特别是针对一些年老体弱且心肺功能不好的肿瘤患者,总结出了一套有效的诊疗方案。

由于业绩突出,孙伟亮被任命为该院胃肠外科主任。作为学科负责人,为带出一支技术过硬的高素质、高品质的优秀团队,他不但自己坚持学习,起到带头模范作用,而且要求全科医护人员认真阅读专业报刊,积极参加各级学术会议,坚持定期在科内开展业务学习、全体人员集中学习,提高专业知识及能力。他还要求每位医护人员轮流讲课,这样既能丰富自身的专业知识、锻炼自我,又能培养团队协作、信任、默契的氛围。

不少患者是他的忠实"粉丝"

"做一名平凡的医生,做好不平凡的服务,把平凡的事做好,就是不平凡的追求。"从医以来,孙伟亮一直把这句话作为行医的宗旨。他形容自己是个"没什么特别的医生",但就是这位不善言辞的外科主任,却在患者当中拥有大批铁杆"粉丝"。

10 年前,面黄肌瘦的陈老伯前来求诊,他已被剧烈腹痛折磨了好几个月。孙伟亮发现陈老伯已是胃癌中晚期,病情不能再耽误。可是他不仅患有高血压病,还有心功能不全、全身营养不良等问题,病情复杂,做手术难度极大,风险很高,这无疑是一场硬仗。患者是否承受得住这场手术,谁也不敢打包票。这俨然是块"烫手山芋"。孙伟亮毅然将陈老伯收治入院，反复琢磨，无数次推演，一步步完善，直到胸有成竹。这场手术做了 4 个小时，术后陈老伯症状缓解出院。

陈老伯出院后不久，孙伟亮接到他打来的电话。"接到电话的那一刻，我还在想难道陈老伯身体哪里不对劲了？结果陈老伯告诉我，他老伴李女士被查出来得了乳腺癌，已在来医院的路上了，要来找我做手术……"孙伟亮当时一愣，安慰好陈老伯后立马安排李女士住院，手术很成功。

大约过了两年，孙伟亮又接到陈老伯打来的电话。原来，他的两个亲戚也得了癌症，都要来找孙医生做手术。孙伟亮说，像陈老伯这样的情况他已经不止一次遇到了，好多患者都是经他治疗效果很好，之后又介绍亲戚朋友患者来找他求治。

这些年，孙伟亮接诊过的肿瘤患者年龄普遍偏大，高龄患者往往基础毛病多，手术风险比较大。面对高风险的患者，孙伟亮不怕意外吗？他坦言："医生不是神仙，不可能治好所有疾病，但病人来到我这里，只要有一线生机，我就愿意为他放手一搏。"

怎样才是一名好医生？孙伟亮认为，一是要有医者仁心，二是有救治技术，并不断提高。"胃肠外科对临床医生的要求很高，要具备扎实的基础理论知识、营养知识、读片技术及微创技术等。这些'软件'，非一朝一夕可得。"未来，他希望能把胃肠治疗技术标准化，培养更多临床大医生，让更多患者受益。

【社会评价】

从业 30 多年来，孙伟亮坚守"做一名平凡的医生，做好不平凡的服务，把平凡的事做好，就是不平凡的追求"的行医宗旨，成为患者心中的"好医生"、同事眼里的"好战友"。在这一个简简单单的"好"字背后，有着他这几十年如一日的努力。在他人看来，他可能是一个不善言辞的外科主任，他也形容自己是一个"没什么特别的医生"，然而，这样一个看似平凡的不善言辞的医生却拥有着大批的铁杆"粉丝"。

他曾获评宁波市"4321"工程第二层次人才，于 2019 年获评"鄞州区十大名医"称号，2019 年 8 月 18 日《宁波晚报》用题为《上榜鄞州区十大名医——鄞州人民医院胃肠外科主任孙伟亮带领科室共同发展》的文章对孙伟亮的事迹进行了报道。

■ 学习指导

第一，引导学生树立积极进取的人生态度。没有积极进取的人生态度，再崇高的人生目标也难以真正实现。人生的实践过程就是一个不断创造的过程，这也就要求我们每一个人都要有不断进取的人生态度。我们只有不断适应历史发展的趋势，以开拓进取的态度迎接人生的各种挑战，才能不断领悟美好人生的真谛，体验生活的快乐和幸福。正如古话说："逆水行舟，不进则退。"孙伟亮能够取得今天的成功，与他积极进取的人生态度有着密不可分的关系。孙伟亮在中专毕业后，被分配到鄞州人民医院做了一名普外科医生。有了一份不错工作的他，学习生涯并没有就此止步。他选择攻读硕士研究生，考入昆明医科大学就读肿瘤专业。同时，孙伟亮作为一名学科带头人，为了能够带出一支技术过硬的高素质、高品质优秀团队，不但自己坚持学习，提升本领，起到模范带头作用，而且要求全科医护人员努力学习，提升整个科室的学术水平，用积极进取的人生态度感染他人。宁波卫生职业技术学院的学生虽然只是大专生，但其中也不乏一大批想要在毕业以后继续深造读本科，继而读研究生，不断提升自己的学生。每一位大学生都应该有孙伟亮这种不断进取、积极向上的人生态度，争做一名有理想、有本领、有担当的时代新人。

第二，利用此案例引导学生树立正确的人生观，有科学高尚的人生追求。不论在革命战争年代，还是在和平建设时期，服务人民、奉献社会这一高尚的人生追求，熏陶、感染了一代代的革命者和建设者，对中国革命、建设、改革事业产生了重要的推动作用。一个人只有确立了服务人民、奉献社会的人生追求，才能清楚地把握人的生命历程和奋斗目标，深刻理解人为什么而活、应走什么样的人生之路等道理。孙伟亮在不断实现个人价值的同时，不断推进新技术，把胃肠治疗技术标准化，而不断推进技术标准化的主要目的也是让更多的患者能够受益。与此同时，他还担任宁波大学医学院导师，为培养更多医护人才而努力，这些工作的最终都是为了让更多的患者受益，为社会做更大的贡献。我们的学生作为未来的医护人员，本职工作就是救死扶伤，在工作过程中，可能会出现个人利益与社会利益相冲突的情况。教师可以通过此案例引导学生树立正确的人生观，将服务人民、奉献社会作为自己的人生追求。

第三，通过此案例让学生进一步理解职业道德。职业道德是指从事一定职业的人在职业生活中应当遵循的具有职业特征的道德要求和行为准则，爱岗敬业、诚实守信、办事公道、服务群众和奉献社会是职业生活中的基本道德规范。爱岗敬业就是要干一行爱一行，爱一行钻一行，精益求精，尽职尽责。孙伟亮当年初中毕业后是想要继续读高中，报考航天专业，当一名科学家的。然而，在父亲和校长的劝说下，他最终选择了从医。做一名医生，对孙伟亮来说，就是一场意外。但他并没有因此失去对医生的热爱，反而在医生的岗位上兢兢业业，不断探索钻研，成为"鄞州区十大名师"。他的身上，恰恰反映了干一行爱一行，爱一行钻一行的精神。孙伟亮所在的科室是急诊手术较多的科室，每次在他接到电话的时候，不管是在吃晚饭，还是在休息，他都会迅速从家赶往医院，加入抢救队伍中。这也更进一步地反映了他的爱岗敬业。宁波卫生职业技术学院作为卫生类学校，绝大部分学生在毕业之后都会选择走进医院工作，医生的工作繁重、精细，极具挑战性和高风险性。这就要求我们的学生更要学习孙伟亮这种爱岗敬业的精神。不少同学当初选专业时受到亲人的干预，导致当前所学专业并非自己的心仪专业，在专业的学习中难以有对专业的热爱甚至排斥当前的专业。此案例也可结合学生的这种情况进行讲解，干一行爱一行，既然选择了，就一定要坚持下去。

学习思考题：

1. 做一名医生并不是孙伟亮的理想，但他却在医生这一行业中大放异彩，这体现了他的什么品质？

2. 根据孙伟亮的事迹，你觉得怎样才能够创造有价值的人生？

3. 孙伟亮的身上体现了什么样的职业道德？

三 教学建议

本案例主要讲述了孙伟亮为带出一支技术过硬的高素质、高品质的优秀团队，不但自己坚持学习，起到模范带头作用，而且要求全科医护人员努力学习，提升整个科室水平的故事。本案例主要适用于《思想道德修养与法律基础》教材中第一章第二节"正确的人生观"以及第五章第三节"遵守公民道德准则"中职业道德部分的教学。

在学习"正确的人生观"内容时，教师可结合孙伟亮的人生经历进行讲解。他虽出身贫寒，中专毕业，但仍然没有放弃学习，工作以后仍然坚持不断提升自己，以认真积极的态度对待人生。在他的职业生涯中，他不断推进所在医院的技术标准化,带领科室同事不断提升自我,将学习作为生活中最平凡不过的小事,提升自我,增强职业本领,为让更多的患者受益而做努力。教师可结合孙伟亮积极进取的人生态度,鼓励学生继续求学,在任何时候都积极向上,努力进取。

在学习"职业道德"这部分内容时,教师可结合孙伟亮年手术量超过 500 台、临床上每年开展胃肠道癌手术 200 例以上等,用数字的冲击为学生带来最直观的感受,让学生感受他工作的繁忙。但在繁忙的工作之余,孙伟亮仍然坚持充实和完善自己,不断提升自己的能力与本领。孙伟亮在平时的工作中,只要接到急诊电话,不论是在什么时候,不论他在干什么,总会随叫随到。教师也可以将这一事例作为出发点,让学生换位思考——在以后的工作岗位上遇到这种事情自己能不能做到像他一样,为让更多的患者受益而牺牲自己的时间,从这点出发向学生讲解人生价值的实现。

22.吴滨滨

——"健康使者"的公益梦

＝ 校本案例

【人物画像】

吴滨滨，宁波卫生职业技术学院 2012 级优秀校友，现为宁波市健康家园公益服务中心常务副理事长。2013 年 10 月，她的志愿服务孝老故事被中华慈孝节组委会拍摄成微电影，作为中华慈孝节的宣传片之一。

2014 年，吴滨滨作为宁波唯一的市属高校学生被共青团浙江省委授予 2013 年度"浙江省优秀志愿者"称号，同年获得了 2013 年度"浙江省优秀学生干部"称号。

2018 年 5 月，吴滨滨被评为 2017 年度"全国优秀共青团员"。

【主要事迹】

2012 年 9 月，带着对大学生活的热情和美好期盼，吴滨滨走进了宁波卫生职业技术学院，成为 2012 级护理专业一名普通学生。她担任了学校"孝心助老"志愿服务点——江北区慈湖人家社区小分队队长。每两周，她都要和另外 10 名队员一起，坐车两个半小时赶到服务点，为老人们量血压、测血糖、做推拿、讲健康，被老人们亲切地称为身边的"健康使者"。

曾有位老爷爷悄悄对吴滨滨说："小姑娘，你们很专业，我老伴腿脚不便，能去我家看看吗？"吴滨滨就和另一名同学上门为老太太服务，还为她擦身。这事也让她思考起志愿服务的持续性。她回校和老师商量后，把学校的专业志愿服务进行了细化，形成了一支精干的"孝老志愿者"队伍，平均每两周在江北区的

8 个街道各开展 1 次活动,每年"敬老月"期间到鄞州的部分社区开展为期 2 个月的专项志愿服务活动。在她的带领下,"孝老志愿服务"逐渐形成了风格、创出了品牌。用她的话说:"参与志愿服务让我实现了用自身专业服务社会的梦想。"

2013 年 4 月,吴滨滨代表学校参加了宁波市社会组织负责人年度培训会。与会的 89 人中,她是唯一的高校代表,她所负责的社会组织——鄞州区健康服务指导中心是宁波市唯一专门从事社区健康服务的社会组织。会后,她和团队进行了深入细致的调研,撰写了《宁波市城市空巢老人健康现状调研报告》,推出了宁波市老年健康专项志愿服务项目,此项目已在宁波市江北区和鄞州区试点推广。

2013 年 6 月 13 日,吴滨滨站在全市首届志愿者洽谈会的主席台上,代表学校的志愿服务项目团队入驻市志愿服务指导中心。她带来的"健康家园"项目,将学校志愿者队伍分成母婴、护苗、青春健康、青年白领养生计划、中老年健康、孝老、临终关怀等 7 个部分。2013 年 10 月,她的志愿服务孝老故事被中华慈孝节组委会拍摄成微电影,作为中华慈孝节的宣传片之一。

毕业以后,她将自己的公益梦想进行到底,原来负责的鄞州区健康服务指导中心转型升级为宁波市健康家园公益服务中心,她现在是中心的常务副理事长。到 2018 年,该中心年均开展各类项目 15 个,建立 109 个健康服务基地,举行各类公益和志愿服务活动 260 多场,合作单位达 30 多个,项目覆盖宁波市中心海曙、鄞州、江北、余姚四大城区 260 个社区及周边 31 个乡镇,惠及 30000 多人。

【社会评价】

吴滨滨同学作为学校第四届校青协副会长,很好地继承和发扬了"仁爱、健康"的校训精神,在校青协一年多的时间里,坚持每月参加两次以上志愿服务,其认真、踏实、创新、有为的工作作风在同龄中起到了引领作用,是一个能够"撸起袖子加油干"的有着公益梦想的奋斗青年。

吴滨滨说:"我想引用习总书记在北京大学师生座谈会时的讲话与同学们共勉。'青春理想,青春活力,青春奋斗,是中国精神和中国力量的生命力所在。'作为一名共青团员,要深刻地体会'理想''活力''奋斗'对我们当代青年的重要意义。我们要把握机会,坚守自己的理想,充满活力地去奋斗,这样的青春才值得自豪、才值得回忆、才值得我们珍惜。"

≡ 学习指导

吴滨滨虽然是一名高职毕业生，但是她具有远大的理想和坚定的信念，为实现理想付出了艰苦努力。从本案例能够看出，把理想变为现实必须从小事做起，平凡细小的工作，就是通向理想的阶梯。吴滨滨的事例启示我们，作为高职院校的同学，我们不能低估自己，既要立志高远，又要立足本职工作，务实创新，每个同学都要立足实际，从点滴做起，兢兢业业地去实现自己的理想。

学习思考题：

1. 作为一名高职毕业的学生，毕业三年成长为"全国优秀共青团员"，吴滨滨为何能取得骄人成绩？对你有何启发？

2. 作为新时代的大学生，我们肩负怎样的社会责任？如何在承担社会责任中实现自己的人生理想和价值？

≡ 教学建议

本案例可用于《思想道德修养与法律基础》教材中第三章"坚定理想信念"的教学。

（1）本案例的教学目的和用途。

本案例告诉我们，作为高职院校的学生，虽然可能成不了科学家，但是我们可以结合自身的特点，成为大国工匠、技术能手。在平凡的岗位做出不平凡的贡献，既要立志高远又要始于足下。

（2）本案例使用过程中需要注意的问题。

伟大出自平凡，社会需要杰出人物，更需要千千万万的普通劳动者。实现"中国梦"需要每一个社会成员尽其才、奋其志。也许我们取得不了像吴滨滨这样的成功，但是只要我们努力了，做出了我们的贡献，就是伟大的。同时教师还要让学生对高职教育有个正确的认识。

大爱无疆篇

22．孙茂芳

——京城"活雷锋"

＝ 校本案例

【人物画像】

孙茂芳，1942年10月出生，中共党员，北京军区总医院（今陆军总医院）原副政委，浙江省象山县东陈乡人，一等功臣，现离休。人称"京城的活雷锋"。他四十年如一日，学雷锋，做好事，像儿子对母亲一样，无微不至地照顾5位孤寡老人和8位生活困难的老人，向他们倾注了浓浓的亲情与孝心。他用自己的行动印证了一位退伍军人的情怀与操守，诠释了一名共产党员的精神世界。

孙茂芳说，学雷锋要做"五小"：做空巢老人的"小棉袄"、残疾人的"小拐杖"、有困难人的"小油灯"、雷锋精神的"小广播"、青少年成长的"小雨滴"。

【主要事迹】

做空巢老人的"小棉袄"

40年义务照顾孤寡老人、残疾人18人，为12位老人送终。孙茂芳每月从退休金中拿出千元，成立"帮扶救困资金"，至今用于各种助困的款项已达48万余元。

有一位老太太，孙茂芳整整照顾了17年，但老太太不光没有对他说过一句感谢的话，露过一次笑脸，而且对他存有戒心，怀疑他是骗子。老人越不理解，孙茂芳就越要用共产党人的一颗热心去感化她。17年间，孙茂芳料理她生活，送医送药、送吃送穿，端屎倒尿上千次，像照顾自己的亲生母亲一样照顾她。老人在家卧床 4 年，孙茂芳每天上门服务。她很挑剔，很难伺候。有一次，喂药的水烫了一点，她就很不高兴地训斥他，但孙茂芳无怨无悔，一直照顾她 17 年。老人临终前，把她的一笔存款和一座四合院赠送给孙茂芳。孙茂芳却认为，共产党为人民服务，只能脚底朝下往前走，决不能伸手向上朝人民要一分钱。老人在临终前说了两句话："谢谢党，谢谢解放军！"孙茂芳觉得为人民服务，不是图名图利，图的是让老百姓说党好，说解放军好。

残疾人的"小拐杖"

爱人民，就要扶助残疾人员，视他们为兄弟姐妹，当他们手中的"小拐杖"。列宁说："共产党是我们时代的智慧、荣誉和良心。"我们要在服务人民的行动中体现这个道理。人的生命是公平的，每个人都想活得好一点，每个人都想过幸福生活。可是，我们的国家有 8000 多万残疾人，他们的困难也是我们党的困难，国家的困难。我们党有 9000 多万共产党员，如果每个党员帮助一个残疾人，那么我们的社会将是一片光明。所以，孙茂芳把帮助残疾人看作党给不幸之人送温暖，递去一根小拐杖，送去一把遮阳伞，让他们渡过难关。

有一名残疾人叫庆铁柱，从小患小儿麻痹症，畸形，罗锅，脚底烂了一个大洞，49 岁身高刚过 1 米，不敢出门见人，躺在家里好几年了，孙茂芳得知后，用竹制的小车把他推到医院做手术，并每天上门为他换药。他 80 岁的老父亲很感动，拉着孙茂芳的手说："我是一名退休老工人，无钱无势，你来照顾我这么可怜的儿子，有什么'高攀'我的？"孙茂芳跟他说，共产党不"高攀"你这样的穷苦人，那入党干什么？后来，他儿子去世以后，孙茂芳给他洗澡、刮胡子，送到医院太平间。这位老大爷，没有为相依为命 49 年的儿子的死掉一滴眼泪，而是跪在地上，含着眼泪，喊着"共产党万岁、解放军万岁"。

有困难人的"小油灯"

爱人民，就要救助遭遇不幸的人，视他们为生命，当他们眼中的"小油灯"。共产党之所以得到人民的爱戴和拥护，是因为共产党和人民群众心连心，尤其当人民群众遇到不幸的时候，共产党就义无反顾地为其排忧解难，所以老百姓把共产党比作"大救星"。作为一名共产党员，在人民群众遇到困难的情况下，不帮一把，对不起党，对不起自己，说得再好，老百姓也不买你的账。

一位河北肃宁县农民叫卫福安，10 年前他 6 岁的女儿得了糖尿病，为了治病，他把家里值钱的东西都卖了，在医院住院期间，夫妻俩躺在水泥地上陪孩子输液。孙茂芳看他们很可怜，就劝他们轮流住到自己家里去。这位农民兄弟不愿意，觉得怎么能住到领导干部家里呢？孙茂芳为了让老百姓感受到共产党的干部是自己的亲兄弟，就说从小他也是和农民睡一张床长大的，现在当官了，不能忘本啊。后来孙茂芳安排他们轮流住到家里，每天为孩子送吃的，并为孩子募得2万元捐款。

以后的十几年，孙茂芳就像关心自己的儿女一样，从精神上、物质上、医疗上关心他们，坚持月月寄钱寄物，使这个不幸的家庭渡过难关，走向幸福。

雷锋精神的"小广播"

从1998年开始孙茂芳每周日到东城区图书馆去讲英雄模范故事，通过演讲百个英雄模范故事，使孩子们的心灵又点燃希望之灯，学生们不仅自己去做好事，还动员家里人去做好事，电视台还做了专题报道。孙茂芳还办起双休日家庭学雷锋辅导站、义务打气站、志愿服务岗亭、学雷锋网站、新浪孙茂芳微博等小基地，拓宽了未成年人教育的新天地，使雷锋精神像一滴滴雨珠滋润青少年的心田。孙茂芳还利用"孙茂芳服务岗亭"带出100多个志愿服务队，许多受过帮助的学生成为全国十佳少先队员。

"为雷锋做广告"是孙茂芳多年来学雷锋的一条经验，他说："我一个人学雷锋，仅能发挥一滴水效能，动员全社会学雷锋就能发挥百川入海的作用，使社会风气根本好转。"

2000年1月，孙茂芳退休后，在社会调查中发现，现在青年人把大款、歌星、明星作为偶像，盲目地追求。他认为有必要为我们时代的楷模雷锋义务做广告，让"雷锋精神万里行"！

"走遍全国，联络当地学雷锋模范，以报告会、座谈会的形式，共同研究、宣传雷锋精神，孙茂学把学雷锋活动推向适应时代需要的新高度。"孙茂芳把"万里行"分为老区行、故乡行、西部行、东部行和京城行。这一想法得到了总政、团中央、卫生部和孙茂芳所在部队的大力支持。于是，孙茂芳的足迹伴随着"雷锋精神"出现在全国各地。

孙茂芳已在12省25市开展"雷锋精神万里行"活动，行程8万千米，联络英雄模范100多人，做学雷锋报告280场，听众38万多人，使雷锋精神传遍了祖国的山山水水，走进了千家万户。"雷锋精神万里行"产生了良好的社会效益，有的听众当场为"希望工程"捐款，有的大学生听完报告后向党组织递交了入党申请书，上万名学生成为雷锋精神的宣传员和实践者。

青少年成长的"小雨滴"

青少年的进步成长是关系到国家生死存亡、中华民族后继有人的重要问题,党的十七届六中全会指出要动员各方面共同做好青少年思想道德教育工作。针对当前青少年思想道德方面存在的问题,孙茂芳认为作为一名老党员、老模范、老军人有责任帮助青少年健康成长。几十年来,孙茂芳始终把雷锋精神作为培养"四有"新人的主要内容。他利用图书馆、档案馆开设"道德教育小讲堂",每周到东城区档案馆的孙茂芳学雷锋事迹展览馆为青少年讲思想道德课,带领青少年参观学雷锋的图文资料,引导青少年做品德高尚的好公民,15 年来已讲课 300多次,接待各方面学生和社会青少年 5 万多人次。

在帮助青少年思想道德进步的同时,孙茂芳还关注青少年的生活困难,使他们安心上学,快乐成长。家住门头沟的女生冀莹,16 岁父亲去世,母亲下岗,生活十分困难,她考上北京 106 中学,每天 5 点起床步行 2 个小时走到市内上学,孙茂芳得知冀莹的困境后,与冀莹谈心,劝她要坚强,穷不丢人。他每月为她出资一两百元,让她住校。冀莹很争气,被评为市优秀团员,以优异成绩高中毕业,学校保送她上名牌大学,她立志去当兵,在部队 3 年,立功、入党、当班长,把一半津贴捐助困难儿童。

北京市海淀区六一小学学生赵都因为误吞异物,生命垂危,孙茂芳连夜把他背到北京同仁医院抢救,得救后,孩子改名叫"雷救"。这个孩子小学毕业前当上了大队长,后来考上北京大学新闻系。

【社会评价】

中宣部、全国老龄委、民政部 2 次授予孙茂芳"全国敬老之星"和"全国敬老楷模"称号,他的事迹被媒体广泛报道,他被人们亲切地称为"京城活雷锋"。2011 年孙茂芳获得第三届全国道德模范提名奖。2013 年,孙茂芳被评为第四届全国道德模范。2014 年,孙茂芳被授予"当代雷锋"光荣称号。

= 学习指导

第一,为人民服务是道德的核心问题,决定并体现着道德建设的根本性质和发展方向,规定并制约着道德领域中的所有道德现象。

为人民服务是中国共产党人把马克思主义基本原理与中国革命、建设、改革的具体实践相结合的伟大创造。为人民服务,不仅是坚持历史唯物主义的必然要求,是中国共产党践行的根本宗旨,也是社会主义道德观的集中体现,是全体中国人民共同遵循的道德要求。孙茂芳说学雷锋要做"五小":做空巢老人的"小棉袄、残疾人的"小拐杖"、有困难人的"小油灯"、雷锋精神的"小广播"、青少年成长的"小雨滴"。这是社会主义道德观的体现。

为人民服务是先进性要求和广泛性要求的统一。为人民服务,既伟大又平凡,既高尚又普通,它并非高不可攀、远不可及,而是可以通过不同层次、不同形式表现出来。"每个人的力量是有限的,但只要我们万众一心、众志成城,就没有克服不了的困难;每个人的工作时间是有限的、但全心全意为人民服务是无限的。"在今天,像孙茂芳这样毫不利己、专门利人、无私奉献是为人民服务,顾全大局、先公后私、爱岗敬业、办事公道是为人民服务,同志间、师生间、同学间互相关心、互相爱护、互相帮助是为人民服务,热心公益、助人为乐、见义勇为、扶贫帮困、扶残助残也是为人民服务,遵纪守法、诚实劳动并获取正当的个人利益同样是为人民服务。为人民服务不只适用于党员干部,而且能推广到全体人民。

第二,一个有道德的人、一个具有为人民服务意识的人,必定会有为他人服务、为社会献身的精神,会时时处处想到别人、想到社会、想到国家,从而能够推己及人、与人为善,服务他人、奉献社会,使他人能够因自己的所作所为而得到益处,使社会可以因自己的努力而发生积极改变。只要一个人对社会、对他人尽了心、尽了力、尽了职,他的言行就具有道德价值。为人民服务作为社会主义道德的核心,是社会主义道德区别和优越于其他社会形态道德的显著标志。大学生践行为人民服务,就是要弘扬为人民服务的精神,尊重人、理解人、关心人,为人民、为社会多做好事、多做贡献。

向道德模范学习,多参与志愿服务,向上向善。道德模范主要是指思想和行为能够激励人们不断向善且为人们所崇敬的先进人物。道德模范既包括在社会道德实践中涌现出来的理想型人物,也包括人们日常生活中能够近距离感受的具有积极道德影响的人物。孙茂芳就是改革开放以来涌现出来的道德模范,孝老爱亲,把困苦留给自己,把幸福送给他人,无怨无悔几十年如一日,用自己的行动诠释道德的内涵,展示着道德的力量。

大学生要以道德模范为榜样,多做好事,多办实事,多参与志愿服务,发扬志愿服务奉献、友爱、互助、进步的精神,推动社会道德水平的提高,也从服务社会和帮助他人中获得成就感和幸福感,实现自己的社会价值。

第三，弘扬雷锋精神，引领社会风尚。

时代精神是一个国家和民族在新的历史条件下形成和发展的，是体现民族特质并顺应时代潮流的思想观念、价值取向、精神风貌和社会风尚的总和，是一种对社会发展具有积极影响和推动作用的集体意识。时代精神反映社会进步的发展方向，引领时代的进步潮流，是社会的主旋律和时代的最强音。孙茂芳认为新时代的雷锋精神，就是爱党、爱祖国、爱人民，雷锋精神就是要坚定信仰一辈子，服务奉献一辈子，艰苦奋斗一辈子。学习雷锋精神就要始终坚持以创新理论为指导，自觉用党的创新理论武装头脑，把坚守理想信念当作共产党人的精神追求。因此，学习雷锋精神就要不断学习党的理论，用先进的理论指导实践，这样，雷锋精神才会更有说服力和生命力。

学习思考题：

1. 是什么力量支撑着孙茂芳几十年如一日坚持做好事？

2. 雷锋精神的本质是什么？

3. 当你做好事遇到别人误解的时候，你会怎么办？孙茂芳是怎么做的？

4. 你怎么看待孙茂芳"给雷锋精神做广告"的"高调行善"？

5. 我们能从孙茂芳身上学到什么？

二 教学建议

本案例主要介绍了京城"活雷锋"孙茂芳发扬雷锋精神，坚守共产党员为人民排忧解难的理想信念，做空巢老人的"小棉袄"、残疾人的"小拐杖"、有困难人的"小油灯"、雷锋精神的"小广播"、青少年成长的"小雨滴"。本案例可用于《思想道德修养与法律基础》教材第五章"明大德守公德严私德"中的"向上向善、知行合一""传承中华传统美德""遵守公民道德准则"等内容，也可用于"坚定理想信念""弘扬中国精神""人生的青春之问"等章节的教学。

像孙茂芳一样的道德模范，几十年如一日坚持做好事，愿意为老人干脏活累活，愿意三次让出自己的新房给困难同事，这样的事情对于"00后"大学生来说，他们可能会有不理解的情绪存在，这种不理解的情绪如果不及时有效地进行引导，道德榜样的模范作用就可能会减弱。所以教师在运用这些案例的时候，要讲究技巧，不能用一味灌输的方式，而是可以通过辩论、讨论等方式让学生逐步理解孙茂芳高尚的道德，并愿意发扬孙茂芳的精神。比如大家可以探讨孙茂芳既然做好事不图钱财,那为什么要高调行善？是图名吗？雷锋精神过时了吗？

孙茂芳做好事都是从身边的一件件小事做起,没有什么惊天动地的大事,但能把一件小事坚持做下去便是大事,这样的道理好懂但不好做,而且道理只有变成实践才会产生力量。所以在组织理论教学的同时,教师不妨安排一些实践教学,引导学生通过做身边的小事,如帮助身边的人,把知和行结合起来。又如教师设计一个做好事的表格,或者通过移动社交平台进行做好事打卡,大家相互分享做好事的心得体会,营造做好事的氛围。

为了更好地理解和宣传孙茂芳活雷锋的精神,教师可以鼓励学生用情景剧、诗歌等形式将孙茂芳的故事演绎出来,通过表演体会人物的行为和内心感受,从而更好地走近人物、理解人物、学习人物。教师也可以播放电影《孙茂芳》,带领大家一起解读电影,感受孙茂芳崇高的道德境界和坚定的理想信念。

24. 周秀芳

——"支教奶奶"

二 校本案例

【人物画像】

周秀芳，人称"支教奶奶"，是宁波的一位小学退休教师，在古稀之年放弃退休的安逸生活，不远千里到贵州、湖南支教，在湖南溆浦和宁波两地架起了爱心桥梁，将长三角地区上万市民的爱心源源不断地搬运到溆浦的大山深处。她通过努力，新建了 29 所希望小学，帮扶了 400 多名贫困学生，为学校捐款捐物 3400 多万元。

【主要事迹】

宁波奶奶来支教

2018 年，周秀芳已经 71 岁高龄，在支教路上走了 4 年。

从 16 岁做代课教师到 2003 年从宁波市鄞州区李惠利小学退休，周秀芳在宁波教了 40 多年的书，桃李满天下。退休后，她又被一所私立学校返聘。然而，就算拿着丰厚的薪水，周秀芳的内心也不平静，只因她还有另外一个未实现的梦想。

"50 岁那年，我还在李惠利小学教书，听说当时的江东区教育局招募去贵州支教的老师，就去报了名，但因为年龄过大被拒绝了。"2014 年，周秀芳偶然得知贵州省惠水县正在招募教师去支教，内心又燃起了这把火。在家人的支持下，她带着简单的行囊奔赴贵州，毅然踏上了"大龄支教路"——"我当年就是面临辍学,被老师资助才坚持下来的,我也要为别人做点什么"。

半年后的 2015 年春节,回宁波过年的周秀芳听好友说,湖南省溆浦县九溪江乡或许更加需要支援,便决定去看看。这一看,她就再也没离开。溆浦地处湘西雪峰山区,全县 70% 以上都是山区,从宁波坐高铁再转汽车需要将近 9 个小时,从溆浦县城开往北斗溪镇是一条盘山路,一边就是悬崖。因恐高和高血压,周秀芳一路闭着眼睛坐过去,手把前面的座椅背都抠出了印。绕过上百个弯子后,终于抵达九溪江乡桐林小学。可是睁开眼睛的周秀芳颇为吃惊:"外面飘着雪,三间教室是用茅草棚搭建起来的,没有玻璃窗,没有水泥砖头。17 个孩子蜷缩在三个火盆旁,听着一位拄着拐杖、口音浓厚的老先生讲课。他是桐林小学唯一一位教师。"见此情景,周秀芳当即决定留在这里。第二天,她就走上了桐林小学的讲堂。这以后,她走遍了九溪江乡所有村的小学。

九溪江中心小学校长向延志说:"她来了以后,孩子们的学习成绩节节攀高。她注重互动、注重课堂氛围,调动起学生的积极性。她对学生一视同仁,让每一位学生都感受到了温暖。周老师年纪大,又是外地人,却这么关心我们这里的教育,这激发了本地老师的责任心,调动了大家对教育的热情。"

谢银花是桐林希望小学教师。她说,当时学校边上一间破旧木屋就是周老师最初落脚的地方,而房子旁有山体滑坡的痕迹,条件十分艰苦,"山里的学生住得分散,走访一名学生都要走上半天路,患有风湿关节炎的周老师,每次下来都感到膝关节疼痛难忍,但仍坚持完成对每个学生的家访"。

从读书学习到身心健康,孩子们的一切周秀芳都放在心上。前进村小学的张子歌因患有斜视、弱视,学习非常吃力,生活上也很困难,全家就靠爷爷奶奶料理。因为看不起病,只能坐在第一排,后来周秀芳帮她出了 8500 块钱去长沙治疗眼睛,现在张子歌的座位已经从第一排调到了第三排,看得很清楚。

"我现在已经是班级第二名,全校第六名了!"九溪江中心小学六年级学生黄德兴开心地说。3 年前,周秀芳亲切地摸着他的头,对他说了一番激励的话,让他一直铭记于心。"当时我有些调皮,但周奶奶没有责备我,还给了我一些学习用具。他说我很聪明,只要好好读书就能有大出息。"

"支教奶奶"成了"爱心搬运工"

"我可以教孩子学到知识,可他们的境遇如何改变?"周秀芳在支教之余一直琢磨着。她将在湖南的所见所闻做成幻灯片,发到自己的朋友圈。当时远在美国洽谈业务的上海弘盛特种阀门制造有限公司董事长张刚看到后,一回国就从机场赶赴湖南看望周秀芳。"我是周老师早年在宁波石浦小学教过的学生,班里好多人都知道周老师在贫困山区支教,这份大爱情怀我们非常敬佩。"感动之余,张刚开始用实际行动支持周秀芳,他捐资30多万元重建了桐林小学,并配齐学校所有的教学设施。2015年4月份,桐林弘盛希望小学动工兴建。周秀芳在桐林村一所废弃的农房里住下。白天,她或在借来的教室为孩子们上课,或顶着烈日去监督新学校施工;晚上,她就和村干部一起,与村民商量解决建校遇到的问题。2015年7月底,一所崭新的学校拔地而起。

从那以后,周秀芳的"爱心搬运"一刻也没有停歇。上海交通大学安泰经济与管理学院EMBA班学生筹资40万元援建的前进小学,上海企业家苏书超出资28万元援建的希望小学,宁波女企业家王娴出资援建的搭溪小学,宁波象山石浦镇中心幼儿园教师傅萃捐修的来凤石浦岑玉希望小学等学校一一落成,爱心助学的雪球越滚越大。目前,周秀芳已累计发动3000多人参与捐款、结对,捐建的21所学校中有8所已投入使用,1700多名孩子搬进新教室,322名贫困生得到结对帮扶,建校和资助贫困生累计2000多万元。她自己和家人近年来用于支教的钱超过10万元,而她平日的生活则能简就简,一碗米饭、一个素菜,就是她的一餐饭。

爱心奶奶扶贫忙

以支教为支点,周秀芳不仅改变了溆浦当地的教学环境和孩子们的命运,还带来了发达地区先进的教育理念。溆浦县教育局副局长张林说,在周秀芳的影响下,宁波与溆浦两地的教育互动也日益增强,在委托培养、学生结对、教师实习、捐助图书等方面结对共建,不断提高溆浦山区学校的教学水平。溆浦县已经选派好几批中小学校长和老师到宁波挂职锻炼。

助学之余周秀芳还积极为山区脱贫而奔走,将爱心支教上升到东西协作扶贫的新高度。"山区脱贫,不是输血更是造血,只有这样才能为当地的教育、当地的发展输入持续不断的内生动力。"带着这样的想法,她将目光转向产业扶贫领域。作为一个常年云雾缭绕、自然环境优异的传统农业大县,溆浦从20世纪90年代开始就引进了许多优良的品种,种植的蜜橘、杨梅、水蜜桃等远近闻名。利用生态优势,近年来,周秀芳多次组织溆浦人员参观宁波鄞州区铁皮石斛寄生培植基地,试点珍贵柑橘品种"象山红美人"种植,通过项目、技术引进和大面积种植来带动溆浦当地贫困户脱贫。象山的特色果种"红美人"已经在溆浦高位嫁接试验成功,三年后会成熟挂果。在劳动力转移等领域,宁波人也向溆浦伸出了援手。经她介绍，来宁波打工的村民已经有 20 多位。

如今，相隔千里的宁波、溆浦两地，在周秀芳的牵线下，心与心无限靠近。

【社会评价】

在宁波慈善文化地标——善园，端午"善园·善集"公益集市上，以周秀芳的名字命名的周秀芳爱心工作室和爱心基金成立。爱心帮扶基金首批 250 万元由宁波市鄞州区人民教育基金会划拨作为启动资金，教育部门和 25 所学校幼儿园通过爱心募捐、义卖等所得的近 23 万元款项同时注入这一爱心池。

2016 年周秀芳入选感动中国人物，其颁奖词为："她非湘人，一心行善，舍家离子，千里驰援湘西南。年本古稀，二次奉献支教扶贫，三年募捐建九校……" 2018 年，周秀芳入选"最美浙江人·浙江骄傲"人物，其颁奖词为："七十岁，她走进深山，为孩子们打开一扇可以眺望远方的窗，同时也点亮了希望的火把。为每个孩子享有公平而有质量的教育，跋涉千里，永久守望。师者父母，感恩有你。" 2019 年，周秀芳获"全国道德模范"称号。

☰ 学习指导

当代大学生担当新时代赋予的历史责任，应当与历史同向、与祖国同行、与人民同在，在服务人民、奉献社会的实践中创造有意义的人生。在当今中国，最重要的社会实践，就是全面建成小康社会、加快推进社会主义现代化强国、实现中华民族伟大复兴的实践。大学生要坚持理论联系实际，积极投身社会实践，在同人民群众的密切联系中锤炼作风，在实践中发现新知、运用真知，在解决实际问题的过程中增长才干，不断提高实践能力、创新能力，实现最大的人生价值，创造无悔的青春。

坚持个人奋斗目标与国家、民族的奋斗目标相统一，把个人理想融入社会理想之中，在为实现社会理想而奋斗的过程中实现个人理想，这是大学生成长成才的必由之路。

向上向善，知行合一。向道德模范学习，培养志愿服务精神，大力弘扬时代新风，强化社会责任意识、规则意识、奉献意识。道德模范是奋斗的前行者、社会的引领者。当前，面对决胜全面建成小康社会的艰巨任务、开启全面建设社会主义现代化国家的宏伟征程，尤其需要激励广大人民群众弘扬真善美、汇聚正能量。

学习思考题：

1.周秀芳是如何成就自己的出彩人生的？

2.周秀芳的梦想和中国梦之间的关系何在？

3.周秀芳是如何把个人梦想和行动统一起来的？

＝ 教学建议

本案例可用于《思想道德修养与法律基础》教材第一章第三节、第二章第三节、第五章第四节的学习。

25.乌蔚庭
——浙江省学生资助"最美爱心人物"

≡ 校本案例

【人物画像】

他是一个宁波人,数十年来乡音不改,依旧有着一口浓重且纯正的宁波口音;他也曾有余光中先生笔下的乡愁,与家乡相隔万里之遥,但是始终保持着一颗赤子之心;他只是一名普通的医学教育工作者,他并不富有,却多次慷慨助学;他不求受助者回馈,只是希望受助者学成之后能够继续助人,将此助学精神传递下去。他是谁? 一个老宁波人——乌蔚庭。

【主要事迹】

一位老先生与宁波卫生职业技术学院的缘分

乌蔚庭(1929—2014 年),祖籍浙江宁波。1945 年,16 岁的乌蔚庭从当时的宁波鄞县县立中学毕业。1955 年,他前往美国求学,相继取得了生物化学硕博士学位,完成了博士后的病理训练,其后一直在美国路易斯安那州州立大学医学院病理系任职,同时兼任医学院附属医院临床化学检验室主任,直至退休。

他深感卫生健康事业对家乡发展、对同胞生活的重要意义。2011 年 4 月,已经 82 岁高龄的乌蔚庭老先生第一次来访宁波卫生职业技术学院(当时校名宁波天一职业技术学院),亲自提出要资助护理专业家境清寒的学生完成学业。

2011 年 5 月 11 日,正值该校护理专业学生准护士加冕仪式之际,在 1000 多位准护士及师长的见证下,乌老先生与学校签订"乌氏健律助学金"协议。"乌氏健律助学金"总金额达 156 万余元,预计资助学生 74 名,时间跨度从 2011 年一直到 2032 年。

自设立"乌氏健律助学金"后,每一年乌老先生都会到访宁波卫生职业技术学院,与受助学生进行交流,并结合自身医学教育工作的经历,对大家的学习、实习、工作等方面给予细心指导,勉励受助学生沿着自己选定的护理事业坚定地走下去,将个人事业与助人精神有机结合并不断传承下去。因此,该校学生总是亲切地称呼他"乌爷爷"。

他的精神感染了一批又一批学子

2014 年 12 月 20 日凌晨,乌老先生永远离开了,当时该校受助的学生都很伤心。其中 2014 级护理专业受助学生丁立芬在怀念乌老先生时写道:"您那么好,那么亲切,每年都来看我们。我本准备织条围巾送给您,非常遗憾,围巾快织好了,您却永远离开了我们。我真的很伤心,每当看到那条围巾就会想起您,想起您帮助我们、教导我们的点点滴滴。我一定要做一个像您那样帮助他人的人。"每到清明时节,该校受助学生经常会用文字在受助学生群里寄托哀思,表达感恩之情。

如果从家庭资产、社会财富来说,乌蔚庭老先生并不是一个有钱的人,他只是一位高校教师、一位医院检验室主任。这份工资收入,只能让乌蔚庭老先生一家过上较好的生活。但公益不分大小,慈善人人可为。就是这样一位普通人,一心热爱公益,不忘家乡。从他第一次捐资助学到去世,乌蔚庭老先生热心助学公益事业长达 28 年之久,前后累计捐资助学达 300 多万元,而正如他的弟弟乌统旬老人所言,乌蔚庭老先生的巨额助学捐款是建立在他经济收入一般的基础上的。乌蔚庭老先生并不富有,却能够数十年如一日地热心助学,心系家乡的贫困学子,心念祖国大西南贫困地区的少年儿童,这种精神值得我们学习和弘扬。

【社会评价】

2018 年浙江省学生资助"两美"风采展示活动在浙江中医药大学落下帷幕,宁波卫生职业技术学院选送的"乌氏健律助学金"设立者乌蔚庭荣获 2018 年浙江省学生资助"最美爱心人物"称号。

美国路易斯安那州立大学医学院乌蔚庭博士长期在美国从事教育工作,他身在异乡,却十分关心家乡教育事业建设,从 1986 年起,乌蔚庭先生就开始在宁波助学,他以其父亲名义,在宁波大学设立了当时数额最高的"乌人孚清寒助学金",截至 1997 年,先后资助学生 14 名,捐资总额 43750 元。1998 年,乌蔚庭先生出售其在美国已居住 30 年的私宅,并将此款和平时节省下来的积蓄 100 万元人民币,悉数捐赠给宁波大学医学院,助建张克玲生化实验室。2011 年,他在参观宁波卫生职业技术学院之后决定在该院的护理学院设立为期 23 年(到 2032 年止)的"乌氏健律助学金",每年选拔新生 4 名,帮助他们直到毕业。此项助学金一次性投资人民币 156.53 万元。截至 2018 年,接受"乌氏健律助学金"资助的同学已经有 23 名,其中有 11 名同学毕业后成为卫生健康事业领域光荣的"白衣天使",在各自的岗位上从事着助人的事情。

2014 年 12 月 20 日凌晨,乌蔚庭老先生在台北病逝。他的事迹被写入宁波博物馆,每年有无数的学子去博物馆瞻仰、纪念他。他资助过的学生,怀着对他的无尽思念,用言行践行着他助人为乐的精神品质。他的助学事迹被宁波卫生职业技术学院编辑成书——《一个老宁波人的助学情怀——乌蔚庭老先生助学事迹》,影响着一批又一批宁波卫生职业技术学院的学子,激励他们努力成为"对社会有用"的人!

= 学习指导

价值是人们经常会碰到的问题,如做事说话经常要考虑"值不值得""有没有益处""美不美",这里的"值""益""美"就是价值判断。对价值浅显的理解,就是事物的有用属性。在现实生活中,无论是社会的经济、政治、道德和文化领域,还是个人生活的方方面面,都普遍地存在着价值问题,即对一事物进行好与坏、有用或者无用的评价问题。人的内心深处究竟需要什么、坚持什么和追求什么,这些都是涉及价值观的基本问题。价值观就是人们关于什么是价值、怎样评判价值、如何创造价值等问题的根本观点。评价一个人人生价值的根本尺度是看一个人的实践活动是否符合社会发展的客观规律,是否促进了历史的进步。在今天,衡量人生价值的标准,最重要的就是看一个人是否用自己的劳动和聪明才智为国家和社会真诚奉献,为人民群众尽心尽力服务。客观、公正、准确地评价社会成员人生价值的大小,除了要掌握科学的标准外,还需要掌握恰当的评价方法。

坚持能力有大小与贡献须尽力相统一。每个人的职业不同、能力大小不同,对社会贡献的绝对量也不同，不能简单地认为能力大的人就实现了人生价值，能力小的人就没有实现人生价值。乌蔚庭老先生只是一位普通的高校教师，一位医院检验室主任，收入也一般，但是却热心公益助学 28 年之久，前后累计捐款 300 多万元，他无私奉献的精神诠释了人生价值的真谛。

坚持物质贡献与精神贡献相统一。评价人生价值，既要看一个人对社会做出的物质贡献，也要看他对社会做出的精神贡献。乌蔚庭老先生不但倾个人之力设立"乌氏健律助学金"，资助清寒学生上学，而且在捐资后每一年都会到访宁波卫生职业技术学院，与受助同学进行交流，并结合自身医学教育工作的经历，对大家的学习、实习、工作等方面给予细心指导，勉励受助学生沿着自己选定的护理事业坚定地走下去，将个人事业与助人精神有机结合并不断传承下去。如今，虽然斯人已去，但是乌老先生的奉献精神和崇高的人生境界是留给我们最宝贵的人生财富。

坚持完善自身与贡献社会相统一。人生的社会价值是实现人生自我价值的基础，评价人生价值的大小应主要看一个人对社会所做的贡献，但这并不意味着要否定人生的自我价值。乌蔚庭完成博士后的病理训练后，一直在美国路易斯安那州州立大学医学院病理系任职，同时兼任医学院附属医院临床化学检验室主任，直至退休。乌蔚庭深感卫生健康事业对家乡发展、对同胞生活的重要意义，于是先后在宁波大学、宁波卫生职业技术学院等捐资助学，为社会发展创造出了更大的价值。

学习思考题：

1. 阅读案例，思考如何评价乌蔚庭的人生价值。

2. 作为一名宁波卫生职业技术学院的学生，如何看待乌蔚庭老先生设立"乌氏健律助学金"这一行为？

3. 你从乌蔚庭老先生身上学到了哪些精神品质？

二 教学建议

本案例讲述了乌蔚庭老先生一生捐资助学的感人事迹。本案例可用于《思想道德修养与法律基础》教材第一章第二节"正确的人生观"和第三章第二节"爱国主义及其时代要求"的教学辅助中。

因为乌蔚庭老先生很多事迹都发生在宁波卫生职业技术学院，而且护理学院每年清明节都会有缅怀老先生的活动,也会组织学生通过参观宁波博物馆来了解老先生的生平。因此,老师在教学中,可以联系护理学院,组织学生参观宁波博物馆,也可邀请获得"乌氏健律助学金"的学生讲演自己的亲身感受,同时推荐学生阅读乌蔚庭的自传《谁稀罕……Who Cares:乌蔚庭的故事》,组织学生讨论乌蔚庭的人生价值以及作为宁波卫生职业技术学院的学子,从乌蔚庭老先生身上学到哪些精神品质。同时,教师也可用乌蔚庭老先生的事迹讲解"爱国主义及其时代要求"部分的内容,让学生体会乌蔚庭老先生浓浓的爱国爱家乡的情怀。

26.万志华

——无语良师

＝ 校本案例

【人物画像】

万志华是 2018 年余姚市首例遗体捐献者。他是原余姚市邮电局党委委员、工会主席。早在 2015 年 4 月,万志华在余姚市红十字会就已完成志愿捐献遗体登记,并且一再关照家人:一定要帮他完成捐献遗体的愿望。2018 年 4 月 7 日,84 岁的老党员万志华因病去世。遵照其遗愿,家属第一时间通知宁波卫生职业技术学院办理了遗体捐赠相关事宜,帮他完成了最后的义举。

【主要事迹】

2018 年 4 月 7 日,家住余姚市邮电新村的 84 岁老党员万志华因病去世。遵照其遗愿,家属第一时间通知宁波卫生职业技术学院办理了遗体捐赠相关事宜,帮他完成了最后的义举。4 月 11 日,余姚市红十字会向万志华家人送去捐赠证书和慰问金,对万志华这一无私奉献的高尚行为深表敬意。万志华的老伴裴阿姨也是一位遗体捐献志愿者,她表示:"遗体捐献是社会文明的表现,是一种值得提倡的社会新风尚。对老伴为社会做最后贡献的遗愿,我们全家人都非常支持。"万志华是今年余姚市首例遗体捐献者。他是原余姚市邮电局党委委员、工会主席。很多年前,他看过有关遗体捐献的报道,对捐献遗体用作医学研究很是赞同,也萌发了捐献遗体的想法。为了征得家人的同意,他与老伴、儿子专程参观了宁波市遗体捐献纪念陵园。看到纪念碑上刻着许多捐献者的名字,万志华备感欣慰,也深受鼓舞。2015 年 4 月,万志华在余姚市红十字会完成志愿捐献遗体登记。此后不久,他被查出得了癌症。在与病魔抗争的最后一段时间里,他去医院就诊都随身带着志愿捐献遗体的相关资料,并一再关照家人:"你们一定要帮我完成捐献遗体的愿望!"

【社会评价】

万志华生前留下几十本荣誉证书,曾多次被评为余姚市优秀共产党员、宁波市优秀工会工作者、宁波市邮电系统优秀工会工作者。他常说,自己能有今天,全靠党和组织的帮助,死后捐献遗体也算是一种回报。

在万志华等老干部的影响下,近年来有不少老干部立下遗嘱,希望死后丧事简办,捐献遗体用于医学教育研究,得到了家人的支持。离休干部李润民、徐杏菊逝世后,家人根据他们的遗愿,把遗体捐献给了宁波红十字会。去年离休干部汤志耀与宁波红十字会签订了捐献遗体协议,用实际行动倡导了一种丧事简办、奉献社会的新风尚。

= 学习指导

评价人生价值的根本尺度,是看一个人的实践活动是否符合社会发展的客观规律,是否促进了历史的进步。我们要坚持能力有大小与贡献须尽力相统一,坚持物质贡献与精神贡献相统一,坚持完善自身与贡献社会相统一。

大学生要向道德模范学习,崇德向善、见贤思齐,弘扬真善美,传播正能量。大学生应带头积极参加志愿服务活动,大学生要以高度的主人翁精神,积极参与各种精神文明创建活动,为家庭谋幸福、为他人送温暖、为社会做贡献,不断引领社会风尚,提升道德品质。

中国特色社会主义进入新时代,以习近平同志为核心的党中央将精神文明建设放在统筹推进"五位一体"总体布局和协调推进"四个全面"战略布局的重要位置谋划部署,更加注重以高尚的精神教育人、以优秀的文化鼓舞人、以丰润的道德滋养人。

以修德立身。习近平总书记强调,中华民族是重视道德、崇尚修德的民族,历来强调"道德当身,故不以物惑"。春风化雨,润泽人心。习近平总书记从不同层面做出的深刻阐述、提出的殷切嘱托,为培育和践行社会主义核心价值观、加强思想道德建设指明了前进方向、提供了根本遵循。

学习思考题：

1. 实现人生价值有多种方式，生能实现人生价值，死也能实现人生价值。通过万志华的行为，你认为该如何正确对待人生？

2. 从万志华的身上你获得了什么启示？

三 教学建议

万志华的案例可以用于《思想道德修养与法律基础》教材第一章第二节中的"人生价值的评价与实现"，以及第五章第四节"向上向善、知行合一"部分的教学辅助中。

27. 陈君艳

—— 第一位走上中央电视台《讲述》栏目的甬城大学生

＝ 校本案例

【人物画像】

陈君艳,女,中共党员,一名标准的"90后"护士,兼任宁波市健康家园公益服务中心副理事长,"彼岸天使"临终文化促进项目专员,从事志愿服务、临终文化促进工作已有10多年,是宁波最早从事该领域工作的专业志愿者之一。陈君艳从小跟着外婆长大,外婆是她最亲的人。然而10多年前,外婆突发脑溢血,按照当地的风俗,一个即将临终的人,小孩子是不能靠近的。因此,从外婆发病到死亡,陈君艳无法守候在外婆身边,与她做最后的告别。这成为陈君艳内心一辈子的遗憾和愧疚。带着这份遗憾,她开始了临终关怀的志愿者服务活动。

她是一个普通的女生,做着一份普通的工作,过着普通的生活。她又是一名义工,每周都去医院,为一群特殊病人送上关爱。在这些病人眼里,陈君艳就是"人世间最美丽的天使"。

【主要事迹】

比亲生女儿更贴心

与潘叔叔相识是在宁波市医疗中心李惠利医院。当时,潘叔叔已被确诊为癌症晚期,癌细胞已经在他全身扩散。每个周末,陈君艳都抽空去医院陪伴潘叔叔,为他做护理、按摩理疗,给他唱歌。平日功课忙,陈君艳时不时发条短信鼓励一下潘叔叔：要顽强地与病魔抗争。潘叔叔获知自己的病已经无药可救，一度失去了继续活下去的勇气。这时候，陈君艳贴心的服务和热情的话语，渐渐消融了潘叔叔心中的坚冰，让他能够平静乐观地走完最后的生命历程。在潘叔叔最后的日子里，陈君艳成了他们家庭不可或缺的一分子，没有女儿的潘叔叔把陈君艳当作自己的亲生女儿一样对待。只有当陈君艳上门的时候，潘叔叔紧锁的眉头才会松开，脸上才会露出一丝难得的笑容。在潘叔叔生命的最后一个月里，陈君艳还和他的家人一起陪着他去慈城、保国寺踏青，让他带着微笑离开这个世界。

用爱创造生命的奇迹

"君艳，阿姨求你帮帮我，帮帮佳宁，我不能眼睁睁地……"

2010 年中秋节那天，陈君艳收到了这样一条短信。原来，她在暑期社会实践中帮助过的小病人黄佳宁陷入绝境。年仅 9 岁的黄佳宁被确诊为白血病，移植造血干细胞的手术费用和手术后抗排异药的花销要上百万元，这对于家境贫寒的黄佳宁一家而言，无疑是个天文数字。黄佳宁的妈妈无奈之下，向陈君艳发出了求助。

获知这一情况后，陈君艳等"爱心天使"紧急行动起来，她们顶着酷暑发动同学在城隍庙进行募捐与义卖活动。经过几天连午饭也顾不上吃的忙碌，筹集了8000 多元钱送到佳宁家里。此外，陈君艳还在天一论坛、东方热线等网站发出一封题为《生命，怎耐得住等待》的求救信，引起各方爱心人士的关注。在有关部门的帮助下，陈君艳等人先后为佳宁筹集了近 30 万元善款，帮助这个陷入绝境的家庭走出了困境。今年 4 月，黄佳宁在杭州接受手术，手术获得圆满成功。参与手术的医生感叹："这是一个用爱创造的生命奇迹。"最近，黄佳宁在家里休养。家人说，如果恢复好的话，佳宁不久就能背上书包上学了。

为公益插上梦想的翅膀

参加工作后，陈君艳将病人视作朋友家人，设身处地地为患者及家属考虑，在繁忙的学习工作之余，她依然没有放弃自己的公益梦想，仍默默地坚持着。她发起成立宁波市健康家园公益服务中心，并于 2015 年 1 月正式在宁波市民政局成功注册，成为浙江省第一家从事健康服务的专业社会组织。中心以"健康文化＋健康服务＋健康教育"为特色模式，开展包括母婴健康、青少年关爱以及为老服务三大领域的公益项目。中心成员目前已有 106 人，且人数每天在增加。

与此同时，陈君艳设计完成了"彼岸天使"临终文化促进项目，从临终志愿者的培训和临终文化传播的角度，更加深入地诠释自己的理念。两年来，她带领她的项目团队，先后受宁波市镇海区社会组织服务中心、海曙区社会组织促进中心、鄞州区社会组织服务中心、鄞州区下应街道、宁波卫生职业技术学院等多家单位的委托，开展临终文化的传播与志愿者培训工作，帮助组建了多支专业的临终关怀志愿服务团队，推动了宁波市临终关怀事业的发展。

【社会评价】

陈君艳是一名标准的"90"后，是宁波卫生职业技术学院 2009 级护理专业的学生。刚跨入学校大门，她就加入学校"爱心天使"生命关怀服务队。从此，她把自己大量的课余时间奉献给了"义工"这个崇高的字眼，用自己的爱让走向生命尽头的临终病人感到丝丝温暖。

在学校的 3 个年头的义工生涯中，她共临床服务 100 多次、服务病人 50 多位、家访 20 多次。陈君艳为 30 多位临终病人做过护理，陪伴并照顾着其中 3 位病人一直走到生命尽头……

为了更好地做好这份事业，她先后去南京、上海、深圳、台北、重庆等地参观学习，博采众长。同时她也会将自己的项目带去交流，并获得了各界同行的认可和好评。经过两年的沉淀，一年的努力，她所带领的公益团队的足迹已遍及宁波市海曙区、鄞州区、江北区、镇海区的各个街道社区。2015 年 9～12 月，宁波市健康家园公益服务中心老年团队"益起来"社区交互式健康沙龙项目，经过 4 个月与全国 1700 多个为老服务项目的竞争，最终荣获第二届全国创新为老服务大赛的银奖，也是浙江省唯一获奖的公益项目。2016 年 6 月，陈君艳代表宁波市健康家园公益服务中心参加宁波市鄞州电视台公益创投大赛路演及答辩，荣获一等奖！12 月 2 日，陈君艳与来自全国的 7 位公益明星一起登上第三届全国志愿者交流会的舞台，分享自己从事临终关怀 7 年的故事，《宁波日报》、《宁波晚报》、腾讯新闻、网易新闻、甬派新闻客户端等各大媒体对此进行了大篇幅的报道。同年，陈君艳荣获 2016 年宁波市优秀护理感动事迹一等奖！2017 年，陈君艳的公益之路继续向前迈进，4 月 27 日，中央电视台科教频道《讲述》栏目组空降甬城，邀请陈君艳拍摄《中国志愿者》纪录片，讲述她从事临终关怀事业的故事。

二 学习指导

第一，人生观就是人们关于人生目的、人生态度、人生价值等问题的总观点和总看法。习近平总书记同青年大学生座谈时强调："要树立正确的世界观、人生观、价值观，掌握了这把总钥匙，再来看看社会万象、人生历程，一切是非、正误、主次，一切真假、善恶、美丑，自然就洞若观火、清澈明了，自然就能作出正确判断、作出正确选择。"大学生思考和规划自己的人生之路，首先就要学会科学地看待人生的根本问题，人生观的主要内容包括人生目的、人生态度和人生价值。正确的人生目的可以使人无所畏惧，顽强拼搏，积极进取、乐观向上。陈君艳的人生目的使她懂得人生的价值首先在于奉献，从而在工作尽心、尽力、尽责的同时无私奉献帮助他人。人生态度是指人们通过生活实践形成的对人生问题的一种稳定的心理倾向和精神状态，正确的人生态度可以使人在追求有意义的人生中保持积极进取、乐观向上的精神态度。陈君艳少年时期，因为从小抚养她长大的奶奶突然离世而没有见到最后一面，终身抱憾，但是她将这份遗憾化为志愿服务的动力，满怀希望和激情，热爱生命，珍视生命，不断开拓人生的新境界。人生价值是指人的生命及其实践活动对于社会和个人所具有的作用和意义。个人的个体活动不仅具有满足自我需要的价值属性，还必然包含着满足社会需要的价值属性。陈君艳开始做临终关怀志愿服务时，只是为了弥补自己内心的遗憾，但是在参加工作后始终坚持，就演变成了对社会的奉献，进而是对公益事业的推广，在实现自我价值的同时，实现了社会价值。

第二，理想信念是人的精神世界的核心，是人精神上的"钙"。没有理想信念的人生，就像失去了方向和动力的小船，在生活的波浪中随处漂泊，甚至会沉没于激流之中。理想信念是人生发展的内在动力。陈君艳可以坚持临终关怀志愿工作，最根本的还是因为有理想信念的指引——希望生命走到终点的病人也能够感受到人间的爱再离开人世。只有这样坚定自己理想信念的人，才能始终不渝、百折不挠地坚持。在大学期间，大学生不仅要提高知识水平，增强实践才干，而且要坚定崇高的理想信念。只有树立起崇高的理想信念，才能够解答好人生的意义、奋斗的价值以及做什么样的人等重要的人生课题。

第三，大学生投身崇德向善的道德实践，就要向道德模范学习，培养志愿服务精神，强化社会责任意识、奉献意识。"纸上得来终觉浅，绝知此事要躬行"。良好的道德品质的养成还是要落在实践上。志愿服务是指志愿贡献个人的时间及精力,在不求任何物质报酬的情况下,为改善社会、促进社会进步而提供的服务。陈君艳从大学时期的志愿者服务社团开始,坚持十载并且将临终公益事业在宁波地区推广,鼓励更多的人投身到崇德向善的实践中。她这种自愿地、不计报酬地服务他人和参与社会公益事业的奉献精神,有助于传递社会关爱,弘扬社会正气。积小善为大善,善莫大焉。陈君艳只是一名普通的护士,每天过着平凡的生活,也曾经是一名普通的大学生志愿服务者,但是在人人可为的奉献小爱中,慢慢凝聚成大爱,帮助了他人,服务了社会,带动一批人提高社会道德水平。

第四,实施健康中国战略,完善国民健康政策,为人民群众提供全方位全周期健康服务。当前社会中仍存有大批弱势群体,空巢老人、留守儿童、困难职工、农民工及其子女,当他们的生命被宣判结束的时候,大部分人是没有家人的关爱和照顾的,还有些病人是无力承担医疗费而被迫选择接受死亡的,而这部分人恰恰是实施健康中国战略过程中,最关键也是最需要被关心和关注的一部分人。陈君艳的善举,让他们对世界和生命重新燃起了希望,树立了生活的自信,同时引导社会关注这部分人的生命和心理,以实际行动为健康中国添砖加瓦。

学习思考题:

1. 如何评价陈君艳的人生观?

2. 陈君艳多年始终坚持临终关怀志愿者服务,你认为是什么样的力量支撑她做出这种选择的?

3. 参与志愿服务活动对于投身崇德向善的道德实践有何作用?

4. 作为一名学生,你能从陈君艳身上学到哪些品质?

5. 结合陈君艳的故事,谈谈如何正确评价人生价值。

二 教学建议

本案例主要介绍了一名普通的"90后"护士,默默坚持做临终关怀志愿服务10多年,她将走到生命终点的病人当作自己的家人、朋友,细心照顾,不辞辛苦,用爱照亮了一个又一个灰暗的生命,让他们仍然能感受到爱与被爱。她以身示范,推广公益事业,让更多的人加入临终关怀的公益事业中,同时推动了宁波市临终关怀事业的发展,为中国梦的实现注入青春的力量。

第一,本案例主要适用"思想道德修养与法律基础"课程,可应用的教学章节较多。在实际教学中,教师可以在《思想道德修养与法律基础》第一章"人生的青春之问"、第二章"坚定理想信念"和第五章"明大德守公德严私德"中择一重点使用。教师也可以尝试对本案例进行反复使用，在不同章节中采用不同的角度分析讨论，使一个案例串联不同的知识点，加深学生对案例和课堂讨论分析的印象。例如可以用陈君艳为临终病人送去关爱，不图回报，为其灰暗的生命带去颜色，总结讲解"正确的人生观""创造有意义的人生""人生价值的评价与实现"。用陈君艳坚持志愿服务 10 多年，不仅以身示范，而且默默将临终关怀公益事业推向社会，发动越来越多的人关注这一群体，并呼吁社会关注健康，关注老年人群体，来讲解"理想信念是精神之'钙'""理想与现实的关系"。用陈君艳投身崇德向善的道德实践讲解"健康中国战略"。

第二，教师要注意结合当代大学生的喜好和方便接收的方式。为了更好地开展教学，教师在讲解本案例时可以组织学生观看由中央人民广播电视台拍摄的纪录片《讲述》中《我会一直陪着你》一集，片中对陈君艳的家庭、陈君艳决定从事临终关怀的初心都有很好的呈现，并且通过画面更加真实地展现了陈君艳的志愿服务过程以及接受临终关怀的病人惧怕死亡、渴望关爱的内心情绪，启示学生普通人也可以有大作用。观看纪录片，更容易引起学生的情感共鸣，从而更好地理解案例内容。

第三，教师在介绍案例内容时，可以对文本内容进行一定的拓展，介绍当前中国死亡率和年龄段、医保力度、人口老龄化的现状、空巢老人的生活现状。在自私与利己主义盛行的当下，无私奉献从事志愿者工作的精神是多么难能可贵，对于推动整个社会关注临终人群有着重要作用。教师在教学中应该向学生明确说明，每个大学都是有志愿者服务团队的，每位同学都可以加入志愿者服务团队。这是没有任何报酬，并且是完全自愿的个人选择，做志愿者服务的大学生不乏心血来潮的类型，参加几次就退出了，能够坚持做完整个大学的少之又少，能够将它树立为毕生的目标并持之以恒将它发展壮大下去的寥寥无几，因而教师可引导学生思考自己应该如何用实际行动来践行理想信念，来助力中国梦的实现。

第四，陈君艳是一名标准的"90 后"，与在校大学生年龄差距不大，与护理专业的学生专业相同，面临的选择也相同，教师在应用本案例的时候，应以情动人，以理服人，避免空洞的口号式讲解，力争通过讲护理专业学生的学习、工作、生活中的具体案例，通过分析他们在人生选择过程中所面临的难题和挑战，让学生能切实感受到坚持理想信念的重要性。

28."爱心天使"生命关怀志愿服务队

——一群小天使,十载爱心路

三 校本案例

【人物画像】

"爱心天使"生命关怀志愿服务队成立于 2007 年,主要服务内容是对生存时间有限(6 个月或更少)的患者进行适当的医疗及护理,让弥留之际的病人安详无憾地离去,在生命的黄昏里享受人间最后的尊严和温暖。成立之初,10 多位年轻人亲手播下爱心的种子,目前已经扩大到 150 多人,团队提供临床服务 1500 多次,服务病人上万人次,参与的志愿者达 1.5 万人次。

"爱心天使"凭着一份责任与执着,一路走来收获了省高校教书育人典型案例、中华慈孝节"当代宁波最感人的十大慈孝人物"、市首届高校校园文化品牌、市年度公益服务人物(团队)奖、宁波市最佳志愿服务项目奖等殊荣。

【主要事迹】

十载有余,爱从未中断

"爱心天使"成立是一种巧合,更是一种必然。事情还得从 2006 年说起,当时宁波卫生职业技术学院提出,把职业素质教育和人文精神培养包含到仁爱文化实践中,让师生在生命关怀志愿服务中提高人文精神与职业素养。为了更好地做好这项工作,学校专门去宁波市医疗中心李惠利医院进行了可行性调研。

这时候,时任宁波卫生职业技术学院临床兼职教师的宁波市医疗中心李惠利医院疼痛科医生李顺，讲到生命关怀——对生存时间有限（6个月或更少）的患者进行适当的医疗及护理，以减轻疾病的症状、延缓疾病发展速度，让弥留之际的患者安详、坦然、舒适、无憾，有尊严地离去。

两者一拍即合，2007年早春时节，宁波卫生职业技术学院"爱心天使"生命关怀志愿服务队成立，提出以"给生命以尊严"为服务宗旨。

在李顺医生的帮助下，"爱心天使"来到宁波市医疗中心李惠利医院肿瘤科，对癌症晚期患者提供服务。就这样，"爱心天使"开启了爱心实践之旅，每周末都去医院为临终患者及家属提供服务。

2009年，宁波市慈善总会义工分会成立，4名"爱心天使"加入了宁波市慈善总会义工分会。2010年，宁波市慈善总会义工分会推出生命关怀计划，50名"爱心天使"积极参与生命关怀计划。

每到周末，"爱心天使"就会轮流来到医院，打扫卫生，陪患者聊天，讲报纸上的新闻和学校里的趣事。"爱心天使"还发挥专业特长，为患者量血压、听诊、做康复保健按摩等，跟踪患者健康状况，讲解用药知识和日常保健知识……

一届又一届的学长学姐毕业离开了校园，一批又一批的学弟学妹入学接过了爱心接力棒。平凡的日子里，"爱心天使"坚守着，用爱心更用恒心。

"爱心天使"得到患者、家属、社会的一致好评，无数感谢信如雪花般飞来。

在一次暑假社会实践中受到服务的张美英阿姨这样评价："'爱心天使'每天冒着酷暑来医院，发挥所学的专业知识和技能为我提供服务——做康复保健按摩，讲健康保健知识，陪我聊天为我读报，还用心倾听我讲故事，用自己的爱心温暖着病房里的每一位患者，是当代大学生学习的榜样！"

"爱心天使"是一群坚守的榜样，他们用柔弱的翅膀托起一个个需要关爱的脆弱生命，他们把点滴的平凡写进每一缕温暖的阳光。

在宁波市医疗中心李惠利医院接受治疗的郑和方叔叔说："你们的笑容、热情和技能，赛过一剂良药。"

章伯苗是余姚人，他的母亲曾在宁波市医疗中心李惠利医院接受治疗，得到了"爱心天使"的悉心照顾，章伯苗写来感谢信："爱心传递了人与人之间的温暖，感谢学校培养出品学兼优的优秀学生。"

患者和家属的肯定，让"爱心天使"备受鼓舞，更加坚定了志愿服务的信念，成为前行的动力。"爱心天使"不仅受到患者和家属的好评，更受到医院的好评。

宁波市医疗中心李惠利医院瞿老师这样表扬："'爱心天使'每周都来医院，与患者聊聊天说说话、做康复保健按摩等力所能及的事。遇到节假日，还会特意准备节目和礼物,让患者感受到节日的氛围,留下珍贵有趣的回忆。换了一波又一波同学,不变的是他们的爱心。"

宁波市第五医院方医生如此评价:"'爱心天使'利用周末课余时间来医院做志愿服务,进病区与病人聊天,做心理疏导。遇到情绪低落的病人,主动为他们表演节目,从心理上缓解病人的痛苦。贴心服务得到了病人一致好评。"

曾任"爱心天使"生命关怀志愿服务队队长、2014级护理专业学生董飞琴说:"临终患者的情绪多为低落、抵触、恐惧,因此我们必须与患者多交流,耐心倾听他们的心声,适当地进行心理疏导,悉心地多给予理解。此外,临终患者家属所承受的负担与痛苦也是非常巨大的,因此,在服务过程中,协助他们做一些力所能及的事情。多与家属谈心,侧面了解患者的需求,想方设法创造条件,满足患者最后需求。"

付出,更是成长自己

常言道:"送人玫瑰,手留余香。"在关爱他人的同时,成长的更是自己。

学生在服务临终患者及家属的过程中对自身专业、生命价值、人际关系、理想信念等做深层次的思考,这种感同身受的思考和启示进一步提升了学生的生命价值和人生态度,培育了高尚的职业道德、树立了良好的职业意识、形成了积极的人生观,培养了学生"爱心、健康、责任、奉献"的核心职业素养。

"爱心天使"在一次次和患者接触中,真实地审视了生命,在自身的专业知识得到实践验证的同时,感受到了"治病救人、救死扶伤"的神圣使命,懂得了仁爱,学会了感恩和奉献,更加感受到生命的崇高和坚强,更深刻认识到生命的真谛,更懂得认真对待、用心对待、用爱对待所有患者,更学会用积极的心态面对生活,增强了服务意识和责任。

"患者总说谢谢我,其实更应谢谢他们,是他们教会我坚强,教会我勇往前行,让我开始重新审视生命,珍爱我所拥有的一切……"2008级护理专业5班葛琼瑶说,"人从出生开始,就拥有了无数的第一次!每个第一次都给了我不一样的感觉。加入'爱心天使'后,我第一次对生命有了更深层次的思考。"她在《爱的日记》中写道:"生命的可贵在于奉献,在奉献中不断完善自我是我始终坚持的目标。"

2008级护理专业3班潘铃说:"刚开始接触癌症病人我心里总是有点顾忌,总感觉怪怪的,我当时很犹豫,看着脸色蜡黄、身体瘦弱的叔叔如此热情,突然有一种于心不忍的感觉,这绝不是同情,而是一种挽留,一种对脆弱生命放不下的牵挂。"

"一份付出两份收获，一份是自己的，另一份是被给予的。"2010 级护理专业 2 班陈洁说，每次去医院服务，为病人带去快乐，我觉得很有价值。我知识的增长、情感的丰富、能力的发展以及人格的完善都得到了大幅度提升。

一位叫徐海荣的患者受到"爱心天使"的服务，离开世界前一定要把自己的遗体捐给学校，用于医学教学。

【社会评价】

中国文明网、《宁波晚报》等主流媒体都曾用较大篇幅报道"爱心天使"生命关怀服务队的事迹。

宁波教育界一位学者表示，无论教育手段多么先进，无论现代传媒多么发达，最终都不能代替人与人之间的融合和交流。因此，"以人为本"的教育应该更多实施像"爱心天使"生命关怀志愿服务这样的自我教育、成长教育、生命教育，使同学们能真正得到心灵的撞击、成长的体验。

≡ 学习指导

作为健康服务类高职院校，宁波卫生职业技术学院始终坚持育人为本、德育为先，传承"仁爱、健康"校训，在弘扬仁爱文化过程中不断创新内容和载体。"爱心天使"生命关怀志愿服务，让学生切实进入、接触、体验、审视社会，专业知识在实践中也得到了验证：对社会和专业的了解不再只是学校课本描述的、教师课堂传授的内容，而是亲身体验。每次服务时，病人的微笑、家属的感谢、护士的赞扬，使学生感觉到专业的价值感和自豪感，专业认同感得到进一步强化，使学生感受到为他人服务带来的快乐，深刻认识到将来做一名护士的责任和职责，培育学生"仁爱、健康、责任、创新"的核心素养。

学习思考题：

1.大学期间如何把握专业学习和参加志愿服务的关系？

2.联系案例和实际谈谈当代大学生应当如何全面提高自身素质，担负起民族复兴的历史使命。

＝ **教学建议**

本案例适用于《思想道德修养与法律基础》教材第二章"坚定理想信念"和第五章"明大德守公德严私德"部分的教学。

（1）本案例的教学目的和用途。

本案例是为了说明当代大学生是民族复兴伟大进程的见证者和参与者，也是社会主义事业的生力军。新时代为大学生成长成才、勤学报国提供了广阔的舞台和无限的机遇。本案例让学生明白，大学生应当以有理想、有本领、有担当为根本要求，夯实综合素质基础，成为中国特色社会主义事业的合格建设者和可靠接班人，成为走在时代前列的奋进者、开拓者、奉献者。

（2）本案例使用过程中需要注意的问题。

现阶段的大学生群体在思想道德方面总体是积极向上、努力进取的，但是不乏各种问题。这些问题在很大程度上阻碍了大学生人格的完善与综合素质的提高。社会实践活动是大学生思想道德教育的重要环节，对于促进大学生了解社会、了解国情，增长才干、锻炼毅力、培养品格、增强社会责任感具有不可替代的作用。

29.“爱撒无声”言语康复协会

——向阳而生,为爱前行

= 校本案例

【协会介绍】

"爱撒无声"言语康复协会,成立于 2012 年 9 月,是在宁波卫生职业技术学院团委学生社团联合会的组织领导下和专业老师的指导下,响应"爱心助残""志愿服务专业化"的号召而成立的。截至 2019 年底,该系列志愿服务活动已历经 7 年,共获得校级荣誉 15 项,市级荣誉 11 项,省级荣誉 5 项。在延承校训"仁爱、健康"的同时,始终秉持着"向阳而生,为爱前行"的志愿服务精神。该志愿服务活动现今分化为 3 支小分队,主要针对在康复机构的特殊儿童群体和在社区、敬老院的老人群体开展志愿服务。志愿服务次数已累计 370 次以上,受益人数千人以上。协会已被中国教育新闻网、浙江电视台、《浙江日报》、《浙江教育报》、宁波电视台、《宁波日报》、《宁波晚报》等多家媒体相继报道 34 次。

"爱撒无声"已成为言语听觉康复技术专业(以下简称"言听专业")学生学习的第二课堂,志愿者同学们借助各类专业实践活动和校园文化活动锻炼自己,展现自我并提升专业能力。在学校"仁爱、健康"的文化理念号召下,7 年来我们积极开展志愿服务活动,精心设计、组织、实施服务项目。协会现今共有 3 个小分队,名称分别是:启慧、启智和启聪。

【主要事迹】

启慧小分队:点亮"星星的孩子"

有这样一群孩子,他们听得见,却对声响充耳不闻;他们看得到,却对周围人与物视而不见;他们会发声,却不知该如何交流,他们是自闭症儿童,被称为"星星的孩子"。这个美丽名字常常与刻板的行为、语言能力弱、社交能力差等标签挂钩。他们在孤单地旅行。为了和他们一起旅行,我们来到小星星特殊儿童训练部和七彩虹特殊儿童发展训练中心,与星宝们一起上课,辅助个训,积极探索自闭症儿童的康复策略。还记得第一堂课的时候,星宝们就给了我们一个"下马威"。原本在家长的带领下,孩子们都很配合,但是我们一带领,他们马上开始"耍赖"了,有的满教室跑,有的坐在地上不肯起来,还有的一直哭着要妈妈,面对这些情况,我们怎么哄都无济于事。为了解决与孩子之间的交流问题,大家下了不少功夫:请教老师、搜索资料,制订详细的教案和应急办法。经过一段时间的磨合和努力,家长们也很放心把孩子交给我们志愿者了。

启智小分队:童年同梦,关爱糖宝在行动

唐氏综合征的孩子有个好听的名字,叫糖宝宝,他们有着与众不同的第 21 对染色体,这是上天的礼物,他们是温暖爱笑的孩子,但在成长的路上要比别人加倍努力。启智小分队致力于唐氏综合征儿童志愿服务,每周三下午在宁波市海曙区童年同梦儿童康复教育培训中心开展,辅助中心老师进行教学,在守护着糖宝宝们天真的笑容中,进一步加强糖宝宝们人际交往能力和语言表达能力。在志愿服务中我们发现之前做出的努力都是有收获的,也第一次体会到人生存在的价值是被需要。

启聪小分队:夕阳常红,走进社区开展助聋行动

老年人也是我们关注的群体。我们到宁波市各个社区为老人做听力检测和诊断,还耐心细致地给老年人做耳部按摩,提供耳镜检查、听力保健知识宣讲和耳保健操教学。印象很深的是一个叫张友花的老人,她无儿无女,而且有听力残疾。志愿者经常到老人住处,帮他处理生活上遇到的难题,还为老人申请了免费的助听器,老人戴上助听器后能听到声音,乐得合不拢嘴。现在每周我们的志愿者都会和她一起读书读报,聊天谈心。

"爱撒无声"因言听而生,始终紧密围绕着发展专业理论与技能结合的志愿服务模式。根据专业人才培养方案,"爱撒无声"发扬立足专业、服务学生的精神,帮助学生找准个人定位,树立职业发展目标,切实提高学生的职业能力和职业素养。通过学业指导,组织与督促成员在课余时间练习专业技能,进行康复计划撰写、康复活动设计。通过校内实践,让学生完成言语听觉康复核心技能的模拟训练。同时,"爱撒无声"成员还承担校内师生的听力测查、听力康复与嗓音保

健康复指导服务。通过校外实践，到宁波市各康复中心进行实践活动，包括随堂听课、辅助教学、康复训练、个案研究等。通过听语沙龙，定期举办专业技能实践的经验交流与探讨，为学生提供一个自我展现的平台，同时通过以老带新、以高带低的方式带动学生的专业学习与技能训练。通过内部培训，由指导教师、基层优秀康复教师等为协会成员提供知识讲座和实践技能培训。

总之，"爱撒无声"已成为言听专业学生学习的第二课堂，志愿者同学们借助各类专业实践活动和校园文化活动锻炼自己，展现自我并提升专业能力。在学校"仁爱、健康"的文化理念号召下，7 年来我们积极开展志愿服务活动，精心设计、组织、实施服务项目。

【社会评价】

"爱撒无声"言语康复协会的志愿服务次数已累计 370 次以上，受益人数达千人以上，且已被中国教育新闻网、浙江电视台、《浙江日报》、《浙江教育报》、宁波电视台、《宁波日报》、《宁波晚报》等多家媒体相继报道 34 次。

协会曾先后获浙江省大学生暑期社会实践百优团队、宁波市大学生暑期社会实践十佳梦之队、宁波市先进大学生集体、浙江省先进团支部、宁波市五四红旗团支部、浙江省高校先进基层党支部和浙江省大学生职业生涯规划大赛一等奖等系列荣誉。

语训中心的主任陈雪芬对志愿者的评价是："有了更专业的训练，孩子们的言语更清楚，吐字更准确。"2013 年 12 月 12 日，陈雪芬带着 7 岁小朋友程嘉玲，兴高采烈地来到我校，为志愿者们送去了鲜花和锦旗——"爱撒无声，无私奉献"，感谢志愿者们近一年来对小雨点的关爱和坚持。志愿者们携带爱心、智慧和康复技能走进听障儿童的世界，给予温暖、施以关怀，帮助孩子们学会说话，这是一种"润物细无声"的博爱。

＝ 学习指导

第一，创新专业知识，提升影响。宁波卫生职业技术学院言听专业团队始终致力于加强校企合作，充分利用行业资源，采用"引进来、走出去"的办法，与上海泰亿格康复医疗股份有限公司合作，与杭州和平鸽教育咨询有限公司对接。除去平常的专业课程学习，还将成功的创业导师请到学校定期为学生开展创业讲座,分享创业经历和经验,指导学生的创业规划和创业方案;并在每一学年暑期,组织学生进入企业实地体验参观,亲身感受企业氛围和创业过程,以期拓展言听专业学子的创新力;还针对每一年各个部门举办创新创业大赛,动员学生积极参赛,进而培养学生的创新意识、创新思维、创新精神,强化学生的服务意识、竞争意识、能力意识,为学生的创业梦想奠定基石。

第二,学习专业知识,回报社会。"爱撒无声"志愿服务团队在学习专业知识的基础上回报社会,用自己力所能及的行动为社会奉献自己的一份力量,专业见长,服务社会。当第一次有孩子张开嘴巴,跟着我们练习发音时,尽管声音很轻但我们仍然激动不已;当我们有一天走进训练中心,发现孩子开始看着我们微笑时,那羞涩的笑脸让我们瞬间就有一种花开的感觉;当我们第一次教会孩子们说一个词语时,我们都会骄傲地笑着对他们说"宝贝们,你们真棒";当孩子们第一次喊我"姐姐"时,我真的开心地落泪了,那种开心、快乐真的无法用语言表达。当一名志愿者,并不是为了获得多少回报,只是想尽我们的一点力量,让这些在大家眼中或许不够完美的孩子们,慢慢地踏上属于他们的路程,让他们更开心一点。而我们也相信着,在这个过程中,我们会获得快乐和满足,那种无法用物质衡量的幸福和感动。希望未来,我们仍会坚持不懈地做一名快乐的志愿者。

第三,践行社会主义核心价值观,引领社会主义新风尚。"爱撒无声"志愿团队主要是普通大学生,他们平凡,却不甘于平凡。他们尽自己所能为老人和孩子带去温暖,他们用自己的课余时间去做更有意义的事,在奉献自我中发光发热,使我们的社会更加美好和幸福,知行合一,为人民的幸福奉献自己的一份力量。

学习思考题:

1.“爱撒无声”志愿团队主要是大学生,他们为什么愿意用自己的专业知识致力于特殊学生的听力矫正等专业性康复服务?

2.分析“爱撒无声”志愿团队对言听专业的影响。

3.分析“爱撒无声”志愿团队给社会带来的影响。

三 教学建议

本案例主要介绍了宁波卫生职业技术学院"爱撒无声"志愿服务团队将专业知识与社会实践相结合,为不同群体服务的多个事例。本案例主要适用于《思想道德修养与法律基础》教材中"成就出彩人生""做改革创新生力军""做社会主义核心价值观的积极践行者""向上向善、知行合一"等内容的辅助教学。

第一,本案例主要适用于《思想道德修养与法律基础》教材中关于实践的相关论述讲解。社会实践是科学理论、创新思维的源泉,是检验真理的试金石,也是青年锻炼成长的有效途径。例如:教材第一章中通过社会实践成就出彩人生,第三章中通过投身社会实践增强改革创新的能力本领都可以此案例进行佐证;特别是在第五章"向上向善、知行合一"这一节,可以此案例进行详细说明。"爱撒无声"言语康复协会这样一支学校志愿服务团队已经成为宁波卫生职业技术学院言听专业学生学习的第二课堂,同学们借助各类专业实践活动和校园文化活动锻炼自己,展现自我并提升专业能力,这种学中做、做中学的学习方式不仅是教师教学的新方法,也是学生乐于接受并乐于操作的学习方法。该案例还可结合宁波卫生职业技术学院学生的专业特色,激发学生的学习兴趣,鼓励学生加入志愿服务活动中,真正参与到社会实践中去,提高本领,引领社会风尚。

第二,该案例是宁波卫生职业技术学院言听专业的特色,教师可将"爱撒无声"言语康复协会详细介绍给言听专业的大一新生,鼓励他们加入该协会,加深他们对所学专业的了解,提高该专业学生对所学专业及未来就业的信心,从而树立正确的职业观。同时,思政教师在讲授该内容时,可邀请言听专业的老师、学长学姐辅助相关的教学活动,将思政课程与课程思政有效结合,提高教学实际效果。

第三,该案例告诉学生应投身崇德向善的道德实践,大力弘扬时代新风,践行社会主义核心价值观、参与志愿服务活动、引领社会风尚。教师可筹划一次关于志愿服务活动的实践项目,让学生在一次志愿服务活动中分享自己的感悟,培养学生的志愿服务精神。建议思政教师以集体备课的方式筹划一次实践项目,使学生在做中学、学中悟、悟中做。也可以与学生暑期社会实践调研活动相结合,培养学生志愿服务精神,强化社会责任意识、奉献意识。

30."风信子"健康服务大队

——爱心在健康服务中传递

＝ 校本案例

【人物画像】

宁波卫生职业技术学院"风信子"健康服务大队（以下简称"风信子"大队）成立于 2010 年 3 月,隶属于宁波市慈善总会,由学校教职工自发组成,具体工作开展主要由学校工会负责。"风信子"是宁波卫生职业技术学院校标的重要组成部分,寓意是生命和共享。"风信子"大队以"服务社会、传播文明、促进和谐"为宗旨,以弘扬师德师风为目标,以对接"健康照护、健康生活、健康环境、健康社会"四大体系为主线,以菜单化、课程化、项目化、专业化为实施方式。

目前,"风信子"义工大队已有 207 名教师义工队员,下设 8 个小分队,组织机构完善,有一系列严格而规范的操作程序。培训项目不断充实和丰富,社会服务内容保质又保量。教职工健康服务义工大队秉承"仁爱、健康"的校训精神,积极组织义务服务活动,广泛开展培训工作,带动了一大批校内外健康服务志愿者,已成为宁波市慈善义工中的一支生力军,成为学校的一张"爱心名片"。

【主要事迹】

2016 年 2 月 4 日,立春。"风信子"大队成员在工会主席许复贞的带领下,走进宁波市海曙区安健逸馨养怡院,携手该院员工和老人的家属,为 20 多位老人送去了热气腾腾的饺子和精彩纷呈的文艺汇演。

早上 7 点半,义工们去菜市场购买食材,一到养怡院,便开始洗刷、切菜、剁馅、包饺子,一直忙碌着。

中午时分，800多个热气腾腾的饺子新鲜出炉。老人们一边吃着饺子和美味的菜肴，一边欣赏着文艺演出。舞台上，有拉二胡的，有奏小提琴的，还有女声独唱和京剧合唱，一个个精彩绝伦的节目轮番上演，给老人们带来满满的幸福感！

养怡院王院长回馈："只要有爱心，就会越做越好！"

2018年5月16日下午，炎炎烈日。"风信子"大队多名成员风尘仆仆地来到江东丹顶鹤社区，利用专业特长，为社区的70多位独居老人送医降暑。

活动现场，大伙儿分工明确，有的为老人们开展中医养生保健讲座，有的为老人们进行牙医咨询，有的为老人们测量血压检查身体，还有的为老人们进行肌内效贴扎、易罐等康复治疗……

在中医养生保健现场，老人们认真倾听，义工大队的成员认真讲解、示范，同时，向老人发放健康宣传册。老人们脸上都洋溢着温暖的笑容，享受着这一美好的时刻。

2019年2月19日，正值传统佳节——元宵节。当天，10多位"风信子"大队志愿者赶赴丹顶鹤社区，联合社区居委会、"锋之社"爱心队，开展"欢腾元宵喜乐连连，金猪送祥添福增寿"活动，包水饺、送温暖，共度元宵佳节，用爱心陪伴60多位独居老人，让他们感受元宵佳节该有的喜庆和温暖。

时至今日，许复贞老师一直带领"风信子"健康服务大队从事着各类志愿服务；倪晶晶老师临近退休，依然风雨无阻参加"风信子"健康服务义工大队的各项活动；医学美容技术专业的陈丽姝博士一毕业，就加入队伍中；在各类捐款中，很多老师只捐款，却从不留名……

有人说爱心是一阵清风，为社会公益事业吹来一阵凉爽；有人说爱心是一股清泉，为需要帮助的人带来甘甜。

对于"风信子"大队的成员来说，爱心更是一种坚持，一种信念。因为有了他们的精诚团结，"风信子"义工大队不忘初心，坚持秉承"仁爱、健康"的校训走向明天，走向未来。他们用一颗真诚的心撒播爱的种子，用一份微薄的力量奉献自己的爱，更好地服务社会。

【社会评价】

2012年3月，"风信子"大队被宁波市总工会表彰为"宁波市五一巾帼标兵岗"；2013年，获得宁波市慈善总会颁发的"宁波市慈善奖（志愿服务奖）"称号；

2014 年，成为宁波市慈善总会的义工专业培训基地；2016 年，成为宁波市教育系统首批爱心单位。

三 学习指导

中华传统美德内容丰富、博大精深，是人类文明发展的重要精神财富，是社会主义道德建设的源头活水。

第一，重视整体利益，强调责任奉献。在中华传统道德的发展演化中，始终强调整体利益、国家利益和民族利益的重要性。"公义胜私欲"是中华传统美德的根本要求。在许许多多阖家团圆的佳节里，我们宁波卫生职业技术学院的教师分出个人时间，赶赴各类社区及养老院帮助和陪伴老人和孩子们，在生活上以及心灵上给予他们温暖。

第二，推崇"仁爱"原则，注重以和为贵。推崇仁爱、崇尚和谐是中华民族的优良传统和高尚品德。一直以来，宁波卫生职业技术学院秉承"仁爱、健康"的校训，与周边各社区、养老院、特殊教育等机构联系密切。"风信子"团队由我院各专业优秀教师组成，在社会服务中，根据服务人群不同，发挥各教师的专业所长，在各类社会服务过程中积累鲜活案例反馈课堂，从而促使我们宁波卫生职业技术学院的各类学生服务团队更好地进行社会服务。

第三，提倡人伦价值，重视道德义务。中华传统美德一个重要的特点，就是它非常重视每个人在人伦关系中的地位及其价值，强调每个人都必须根据规范的要求，来尽自己应尽的义务。宁波卫生职业技术学院作为宁波市政府直属的全日制国有公办普通高等卫生类学校，不断鼓励学校师生学以致用，在社会服务中不断提升自己，参与社会建设，实现人生价值。宁波卫生职业技术学院"风信子"团队，作为社会教师服务代表，全心全意投入各类社会服务中，为宁波市社会服务贡献力量！

第四，追求精神境界，向往理想人格。中华传统美德主张在物质生活基本满足的情况下应追求崇高的精神境界，把道德理想的实现看作人生需要中最高层次的需要。在各类社会服务中，各专业教师发挥所长，在生活上对特殊人群提供帮助，为避免特殊人群产生心理问题，不断对社会弱势群体进行服务与疏导。与此同时，一个个平凡却又感人的故事也深深影响着我们的志愿教师，在陈丽姝老师看来，老人们真诚的笑容、孩子们的真挚眼神、病患们感激的神情……这些不含任何功利的收获，是进行社会服务的精神助力。

第五,强调道德修养,注重道德践履。中国古代的思想家大都认为,在塑造理想人格的过程中,最重要的就是要奋发向上、切实践履、修身养性。一个社会的道德规范和道德原则确立之后,最重要的就是要使这些道德原则和道德规范转化成人们的思想品德和行为实践,养成良好的道德习惯,形成完善的道德人格。通过"风信子"健康服务大队,有利于引领师生、家长和社会各界将尊师敬师内化于心、外化于行,进一步在全社会营造尊师重教和关心、理解、支持教师的浓厚氛围。

学习思考题:

1. 我国古代有许多体现中华传统美德的故事,试举例说明何为传统美德。

2. 试分析中华传统美德的重要性。

3. 时代在进步,试举例说明当代青年如何继承并发扬中华传统美德。

4. 结合所学专业,谈谈在学习实践的过程中如何做到道德践履。

二 教学建议

本案例主要介绍了"风信子"教师团队的爱心服务,宁波卫生职业技术学院"风信子"义工大队自 2010 年 3 月成立以来,充分发挥专业优势,以"服务社会、传播文明、促进和谐"为宗旨,以弘扬师德师风为目标,向社会提供卫生医疗、健康指导、健康宣教、助残、扶贫等方面的服务。

第一,本案例主要适用于"思想道德修养与法律基础"课程,可应用的教学章节较多。实际教学中,教师可在第五章"明大德守公德严私德"中使用,也可对此案例进行重复使用,在不同章节以不同的角度对本案例进行分析讨论,以锻炼学生的多向思维能力,加深学生对知识点的理解。

第二,由于宁波卫生职业技术学院"风信子"健康服务义工大队,由学校教师义工组成。教师在教学过程中,为增加课堂乐趣,丰富课堂形式,活跃课堂氛围,可邀请"风信子"成员参与课堂,分享与"风信子"的亲身故事,达到更好的教学效果。